가깝고도 먼 인천말

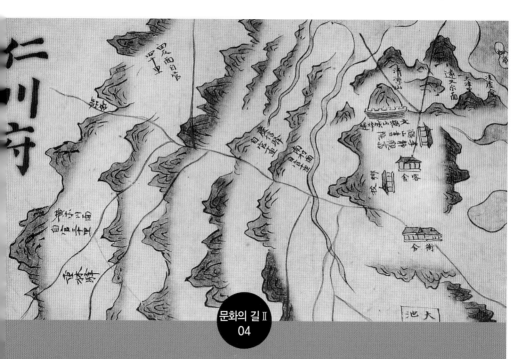

문화의 길 II
04

가깝고도 먼
인천말

한성우

글누림

2007년 가을 인하대로 부임한 이후 인천 및 인천말과 본격적인 만남이 시작되었다. 이듬해에 온가족이 인천으로 거주지를 옮긴 뒤부터는 오롯이 인천 시민으로서 인천말을 접하며 방언 연구자로서 감당해야 할 두 번째 의무 이행을 위한 조사와 연구를 시작하게 되었다. 방언 연구자의 첫 번째 의무는 자신이 태어난 곳의 말을 연구하는 것이고, 두 번째 의무는 자신이 뿌리를 내리고 살아가는 곳의 말을 연구하는 것이다. 첫 번째 의무는 석사학위 논문을 쓰면서 어느 정도 완수를 했으니 두 번째 의무만 충실히 이행하면 부끄럽지 않은 방언 연구자가 될 수 있었다.

2009년 이후 인천학연구원의 연구비 지원을 받아 원인천, 강화, 인천 연안도서 세 지역의 조사와 연구를 진행할 수 있었다. 각각의 조사와 연구결과는 『인천 토박이말 연구』, 『강화 토박이말 연구』, 『인천 연안도서 토박이말 연구』로 간행되었다. 그리고 한국연구재단의 연구비 지원을 받아 서해5도의 말을 조사하는 도중에 인하대학교 한국학연구소의 저술지원을 받아 『인천말 연구』를 엮어내었다. 인천 원해도서가 빠진 것이 다소 아쉬웠지만 2007년 이후 해온 조사와 연구를 집대성한다는 의미를 찾을 수 있었다.

이번에 한국근대문학관의 지원하에 〈문화의 길〉 시리즈로 집필하게 된 이 책은 그동안의 조사와 연구 성과를 조금 다른 방향으로 종합한다는 점에서 의의가 깊다. 이전의 조사와 연구, 그리고 그 결과 간행해오던 책은 철저하게 방언학적인 연구였다. 따라서 이 분야의 연구자가 아니면 읽기가 어렵고, 큰 흥미를 느끼기도 어렵다. 그러나 이 책은 그동안 만나온 인천의 사람, 땅, 역사를 그들의 말을 통해 쉽게 풀어 나간 책이다. 말에 대한 책이니 언어학적 서술이 빠질 수는 없지만 언어 연구자나 전공자가 아니더라도 인천에 관심을 가진 사람은 누구나 읽을 수 있도록 하였다.

본문에서도 밝혔듯이 인천은 넓고도 이질적이다. 이런 인천을 원인천, 강화, 연안도서, 원해도서 넷으로 나누어 서술하였다. 각 지역이 행정구역상으로 인천에 속해 있다는 것 이상의 공통성을 지니고 있지만 워낙 광범위하고도 이질적인 환경을 가지고 있기 때문에 이를 '가깝고도 먼 인천'이란 말로 뭉뚱그렸다. 네 부분으로 나뉜 본문 속에서 각 지역의 말의 특징을 이야기로 엮어 나갔지만 궁극적으로는 '가까워지는 인천'으로 종합하였다.

여러 기관의 지원이 없었다면 이 책은 세상에 나오기 어려웠을 것이다. 인천학연구원에서는 이례적으로 세 차례나 저술지원을 해주었고, 한국연구재단에서는 마지막 남은 지역의 조사를 시작할 수 있는 길을 터 주었고 인하대학교 한국학연구소는 그간의 결과를 집대성할 기회를 주었다. 그리고 한국근대문학관에서는 그동안의 조사

1부
가깝고도 먼
인천

1. 가까운 인천

　　인천에도 사투리, 혹은 방언이 있는가? 인천말에 대한 이
야기는 이 물음에서 시작하는 것이 좋겠다. 적어도 사투리 또는 방
언의 통념에 비추어 보면 이 물음에 대한 답은 부정적일 수밖에 없
다. 사투리라 함은 시골에서 쓰이는 말이어야 할 것 같다. 방언이라
고 부르더라도 서울에서 멀리 떨어진 지방의 말이어야 할 것 같다.
그러나 오늘날의 인천은 인구 300만이 넘는 거대도시이자 서울과
함께 '경인(京仁)지역'이라 묶이는 중심부에 있다. 이 땅에 최초로 깔
린 철로를 타면 한 시간 남짓 걸려 서울과 인천을 오갈 수 있고, 서울
에서 자동차를 타고 서쪽으로 잘못 가다 보면 인천 어딘가로 접어든
다. 버젓이 인천 땅에 있는 공항마저 '서울 인천 공항'이란 이름으로
불린다. 이런 인천 땅에 통념상의 사투리 혹은 방언이 있을 수 없다.
　　이처럼 서울과 가까운 인천이다 보니 인천의 독자성이 종종 무시
되곤 한다. 서울의 위성도시가 아닌, 당당한 광역시이지만 그저 서
울과 아주 가까운 큰 도시 정도로만 치부되기도 한다. 말에 대해는
더더욱 그렇다. 서울과 가까운 거리에 있으니 말도 그만큼 가까울

것, 혹은 같을 것이라 단정 짓는 사람들이 많다. 인천에 사는 사람들의 생각 또한 별반 다르지 않다. 서울말이 곧 표준어라고 인식이 되는 상황에서 스스로 표준어를 쓰고 있다고 믿는 인천 사람들이니 자신들의 말은 서울말과 별반 다르지 않다고 생각한다. 이러한 여러 가지 이유에 기대면 '인천말'은 없다.

그러나 이 문제에 대한 해답은 사투리 혹은 방언에 대한 정의를 통해 찾아봐야 한다. 사전에서는 '사투리'를 '어느 한 지방에서만 쓰는, 표준어가 아닌 말'이라 정의한다. 또한 '방언'을 '한 언어에서 사용 지역에 따라 분화된 말의 체계'라 정의한다. 두 단어를 비슷한 용법으로 쓰기도 하지만 이 정의에 따라 인천말을 살펴보면 약간의 혼선이 생긴다. 인천말은 어느 한 지방에서만 쓰는 말도 아닌 듯하고, 표준어와도 크게 다르지 않은 듯하니 사투리의 정의와 인천말은 어울리지 않는다. 그러나 인천 지역의 말도 지역에 따라 분화된 말의 체계이니 방언의 정의와 인천말은 어느 정도 부합된다. 서울과의 거리와 관계없이 인천도 독립된 지역이니 '인천말'을 '인천방언'의 뜻으로 이해하면 인천말의 존재는 인정될 수 있다.

사투리와 방언이 초래할 수 있는 혼란 때문에 학술적으로는 '지역어'라는 용어를 쓴다. 이는 특정 지역에서 쓰이는 말을 가리킨다. 표준어와의 유사성과 관계없이, 서울과의 거리도 따지지 않고 그저 어느 지역에서 쓰는 말 자체를 언급하고자 할 때 '○○ 지역어'라고 객관적으로 일컫는 것이다. 이 용어를 쓰면 '인천 지역어', '월미도 지역어', '괭이부리 지역어' 등 다양한 층위의 특정 지역 말을 일컬을 수가 있다. 심지어 표준어의 모태가 된 서울말도 '서울 지역어'라고 부를 수 있다. 결국 인천말을 인천 지역어의 뜻으로 쓰면 모든 혼란을 일소할 수 있다.

인천말을 이렇게 정의하고 나도 여전히 남는 문제가 있다. 인천말의 고유한 특성이 있는가, 혹은 인천 지역에서 쓰이는 말 전체를 하나로 묶을 만한 동질성이 있는가 하는 문제이다. 거대도시의 말은 이러한 면에서는 다소 불리한 면이 있다. 수많은 사람들이 함께 어우러져 살다 보니 고유성 또는 동질성이 나타나지 않을 수 있다. 인접한 서울에는 더 많은 사람이 모여 살지만 도시 팽창 이전의 핵심지역이 분명히 있었고, 이 지역을 중심으로 하여 방사형으로 팽창했다. 그러나 인천은 본래의 핵심지역을 특정하기도 어렵고 팽창 과정과 방향, 그리고 그로 인한 강역의 외형이 불규칙하다. 언어적 정체성이 다를 것으로 판단되는 넓은 지역이 인천에 소속되다 보니 인천말의 고유성과 동질성을 밝히는 작업은 어려울 수밖에 없다.

이러한 불리한 여건에도 불구하고 인천말에 대한 조사와 탐구는 분명한 가치가 있다. 거대도시 인천이 지리적으로나 역사적으로 복잡한 양상을 띠고 성장했더라도 인천 지역이라는 분명한 공간이 있고, 이 공간에서 실제 사용되는 말이 있다. 따라서 고유성과 동질성을 따지기 이전에 이 지역의 말에 대한 객관적인 조사와 서술이 이루어져야 한다. 현재로선 인천말의 실체를 명확하게 아는 이도 없고, 그것을 집요하게 추적한 이도 드물다. 심지어 인천의 토박이들마저 인천말의 참모습을 또렷하게 알지 못한다. 그러나 인천말은 있다. 과거에도 있었고, 지금도 있고, 미래에도 당연히 있을 수밖에 없다.

많은 사람들의 머릿속에 공통적으로 자리 잡고 있는 인천을 일단

'가까운 인천'으로 정의할 수 있다. 가깝다는 말을 쓰기 위해서는 무엇으로부터 가까운가를 정해야 한다. 인천말을 논하는 이 자리에서 가깝다는 말은 자칫 서울에서 가깝다는 것으로 오해될 소지가 있다. 그러나 서울과의 거리 혹은 친밀도를 논하는 것이 이 책의 목적이 아니니 '가까운 인천'은 서울과 가깝다는 의미가 아니다. 인천이라는 지역명을 논할 때 누구나 대략적으로 알고 있는 그 땅을 가리킨다. 서울의 동쪽에 있고, 항구를 끼고 있으며 그 지역의 공업단지와 주거단지를 포괄하는 지역을 뜻한다. 이 지역은 '인천'이라는 지명이 가리키는 본래의 땅이기도 하고 지금도 그렇게 인식하는 사람이 많은 땅이기도 하다.

2. 먼 인천

인천말의 정체성에 혼란을 불러일으키는 요소가 하나 더 있다. '인천 지역'의 말을 인천말로 정하면 되지만 인천 지역을 어디로 정할 것인가가 문제가 되는 것이다. 일반적으로 '인천'이라 하면 모두 '가까운 인천' 지역을 먼저 떠올린다. 오늘날 거대도시로 성장한 인천의 발원지를 서해안의 조그만 바닷가로 잡든, 본래 도호부가 있던 자리로 잡든 가까운 인천이 인천을 대표하는 것은 당연하다. 그러나 행정구역의 개편에 따라, 본래는 인천과 관계가 없는 지역이 인천이라는 도시의 영역에 포함되면서 혼란이 초래되기 시작한다. 도시가 성장하더라도 발원지를 중심으로 방사상으로 팽창되든가 인접한 지역으로 팽창되는 것이 보통인데 인천은 그렇지가 않기 때문이다.

행정구역상 인천에 속하지만 본래의 인천과 떨어져 있는 두 군은 강화군과 옹진군이다. 강화도와 인근의 섬으로 구성된 강화군은 역사적으로는 인천보다 훨씬 더 많이 부각된 지역이기도 하고, 독자적인 지역적 특색을 갖춘 곳이기도 하다. 옹진군은 '옹진'이란 행정구역명을 쓰고는 있지만 휴전선 북쪽에 위치한 본래의 옹진은 포함되지 않은 특이한 지역이다. 또한 북쪽의 황해도 연안부터 남쪽의 충청도 인근까지 넓은 지역의 바다에 산재한 섬들을 포괄하고 있다. 인천 인근의 여러 섬들과 한국전쟁 이후 남한의 강역에 포함된 여러 섬들을 하나의 행정구역으로 묶다 보니 나타난 결과이다. 이 두 지역은 본래의 인천과는 관계가 없지만 오늘날 인천광역시에 포함되어 있으니 인천말을 다루는 데 빠질 수는 없다.

강화군과 옹진군에 속해 있는 여러 섬들은 '먼 인천'으로 묶을 수 있다. 본래의 인천은 아니지만 오늘날에는 인천에 속해 있고, 뱃길로 인천과 연결되어 있어 인천과 밀접한 관련을 맺고 있다. '인천이 아닌 인천'이지만 행정구역과 뱃길이 묶어준 이 지역에서는 언어 면에서 특이한 변화가 관찰되고 있다. 각각의 섬들은 지리적 특성에 따라 고유의 말을 써오고 있었는데 시간의 흐름에 따라 인천과 엮이게 되고 교류도 많아지게 되어 언어 면에서도 유사한 점이 나타나기 시작한 것이다. 이는 각각의 섬과 인천 지역이 공유하고 있던 본래의 언어적 특성이 발현된 것이라 볼 수도 있지만 결국 '가까운 인천'과 '먼 인천'이 하나로 엮이면서 도드라지게 나타난 것이기도 하다.

'먼 인천'에 속해 있는 여러 섬들은 거리와 역사적 특성을 고려하면 세분화될 필요가 있다. 섬의 규모로 보나 역사로 보나 강화군은 독자적 영역을 구축하고 있고 언어 면에서도 그러하다. 인천에서 뱃길로 가까운 연안의 섬들도 하나로 묶일 수 있는 가능성이 있다. 그리고 본래 황해에 인접해 있던 백령도, 대청도, 소청도, 연평도는 거리와 역사적 측면에서 봤을 때 따로 묶어야 한다. 이렇듯 각각의 고유한 배경을 가지고 있는 '먼 인천'의 하위 지역들이 저마다의 언어적 특색을 보일 것이란 점은 쉽게 예측 가능하다. 또한 위치와 거리로 인해 통념상의 방언 혹은 사투리가 이 지역의 말에서 많이 나타나리란 것도 예측할 수 있다.

3. 인천의 지역 구분

'가까운 인천'과 '먼 인천'의 특성을 감안해 인천말에 대해서 서술하려면 인천 전체의 지역 구분이 필수적이다. 상식에 기대면 인천말은 인천 땅에 사는 인천 사람들의 말로 정의가 된다. 인천 땅은 행정구역상 강역이 정해져 있으니 그 강역을 따르면 된다. 인천 사람을 인천에 거주하는 사람들로 한정을 하면 이 또한 주민등록에 근거하면 된다. 그러나 인천은 매우 중층적인 도시임을 감안해야 한다. 인천은 행정구역으로는 하나이지만 그 내면을 들여다보면 매우 다양한 요소가 섞여 있다. 이는 거대도시 인천의 성장과정과 밀접한 관련이 있다. 서해안의 조그마한 항구에 불과했던 인천은 개항 후 급격한 성장을 하게 된다. 여기에 행정구역이 개편되어 인천 주변 지역과 강화도, 연안도서, 그리고 서해5도를 포함한 원해도서 지역이 인천에 편입되면서 큰 변화가 일어났다.

따라서 인천의 말에 대한 서술은 인천 전체를 몇 개의 부분으로 나눈 뒤에 이루어져야 한다. 인천의 지역 구분에 앞서 용어상의 혼란을 없애기 위해 '인천'에 대한 명확한 규정이 필요하다. '인천'은 광의로 쓰일 수도 있고 협의로 쓰일 수도 있기 때문이다. 광의의 인천은 현재의 행정상 전 지역을 포괄하고, 협의의 인천은 본래의 인천 지역만 지시한다. 그런데 광의의 인천은 행정구역으로 구분되니 그 실체가 분명하지만 협의의 인천은 계속 성장을 해 왔기 때문에 어느 시점의 어느 영역까지를 지시하는가에 대한 결정이 필요하다. 결국 인천의 지역 구분은 인천의 역사 전체를 고려해서 이루어져야 한다.

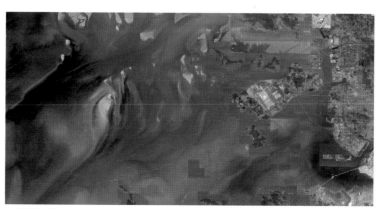

| 인천의 지형

오늘날 인천이 이토록 커졌지만 그래도 본래의 인천, 혹은 진짜 인천이라고 부를 만한 지역이 있다. 이 지역을 편의상 '원인천(元仁川)'이라 부르기로 한다. 원인천도 다소 중층적이기는 하지만 결국 '가까운 인천'과 지시하는 지역이 같다. 중층적인 원인천 지역은 다시 세분하면 된다. 원인천 이외의 지역도 나름의 정체성이 있기 때문에 세분할 필요가 있다. 교동도를 포함한 강화도는 지리적으로나 역사적으로나 중요한 지역이니 '강화'로 묶는다. 인천에서 가까운 바다의 섬 덕적도, 영흥도, 영종도 등은 '가까운 섬(연안도서)'으로 묶고, 먼 바다의 섬 '연평도, 백령도, 대청도' 등은 '먼 섬(원해도서)'으로 묶는다.

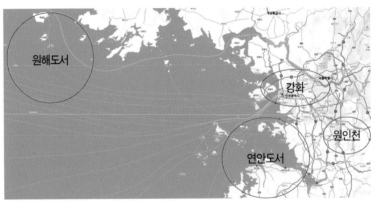

| 인천의 지역 구분

강화는 지리적으로나 역사적으로나 하나의 독립된 단위로 보아야 할 이유가 충분하다. 따라서 강화와 인근의 섬을 묶어 한 지역으로 설정한다. 행정구역상으로는 옹진에 속해 있는 인천 연안의 섬은 육

지에서의 거리나 섬 사이 거리로 볼 때 하나의 단위로 묶일 수 있다. 따라서 영종도, 영흥도, 덕적도 등 연안도서의 섬들도 하나의 단위로 묶는다. 마지막으로 지리적으로는 황해도에 가까운 서해5도의 섬, 즉 원해도서의 섬도 하나의 단위로 묶는다. 이 지역은 행정구역의 편의상 옹진, 나아가 인천에 포함되어 있지만 여러 가지 면에서 이질적인 지역일 수밖에 없다.

이러한 지역 구분은 인천의 성장 및 변화와 밀접한 관련이 있다. 인천이 현재의 모습으로 성장, 변화한 과정을 크게 나누어 보면 다음과 같다.

■ 인천의 성립 및 변화 과정

I	1392.	조선 태조 1년 인주군으로 환원
	1413.	조선 태종 13년 인주에서 인천군으로 변경
	1406.	조선 세조 6년 인천도호부로 승격
	1748	영조 24년 인천현으로 강등
	1757	영조 23년 인천부로 환원
II	1883. 01. 01	개항
	1910	인천부 설치
	1914. 03. 01	인천부의 일부와 부평군을 병합하여 부천군 설치
	1914. 09. 01	월미도를 인천부에 편입
III	1949. 08. 15	인천시 개편
	1962. 05. 21	57개 행정동 설치
	1962. 09. 01	2개 행정동 설치(59개 동)
	1963. 01. 01	부천군 작약도를 인천시에 편입
	1968. 01. 01	4구 2출장소 7개 행정동 설치(66개 동)
	1970. 07. 01	9개 행정동 설치(75개 동)

III	1979. 01. 01	1개 행정동 설치(76개 동)
	1979. 05. 01	3개 행정동 설치(79개 동)
	1981. 07. 01	인천직할시 승격
	1982. 09. 01	6개 행정동 설치(85개 동)
	1983. 10. 01	2개 행정동 설치(87개 동)
	1985. 11. 05	2개 행정동 합병, 7개 행정동 설치(93개 동)
	1987. 06. 15	1개 행정동 설치(94개 동)
	1988. 01. 01	2개 구 설치(6개 구)
	1989. 01. 01	영종, 용유, 계양동 편입(6개 구, 3출장소, 97개 동)
	1989. 05. 01	1개 행정동 설치(98개 동)
	1990. 01. 01	5개 행정동 설치(103개 동)
	1990. 05. 01	3개 행정동 설치(106개 동)
	1991. 08. 05	5개 행정동 설치(111개 동)
	1992. 09. 01	3개 행정동 설치(114개 동)
	1992. 09. 05	1개 행정동 설치(115개 동)
	1993. 12. 01	3개 행정동 설치(118개 동)
	1994. 07. 01	5개 행정동 설치(123개 동)
IV	1995. 01. 01	인천직할시에서 인천광역시로 명칭변경
	1995. 03. 01	·강화군, 옹진군, 김포군 검단면 인천광역시와 통합 ·2개 구 분구, ·2개 행정동 설치(8구 2군 1읍 19면 126개 동)
	1996. 01. 01	1개 행정동 설치(127개 동)
	1996. 03. 01	1개 행정동 설치(128개 동) (8구 2군 1읍 19면 128동)
	1998. 11. 01	과소동 통합에 따른 12개 동 축소(116개 동) (8구 2군 1읍 19면 116동)
	2002. 01. 01	서구 검단1동 분동(검단1동, 검단2동)
	2003. 03. 01	연수구 옥련2동, 계양구 계산4동 분동(8구 2군 1읍 19면 119동)

인천의 성립 및 변화과정은 위와 같이 크게 네 부분으로 나눌 수 있다. Ⅰ은 문학산 일대의 도호부를 중심으로 한 전통적인 인천 시대이다. 비록 행정구역의 개편이 몇 차례 있기는 했으나 오랜 기간 동안 전통적인 사회를 이루었음을 짐작할 수 있다. Ⅱ는 1883년 개항과 더불어 시작되어 새로운 인천이 성립되는 시기이다. 본래 인천군 다소면의 해안지대였던 제물포에 개항장이 마련됨에 따라 이 지역이 인천의 새로운 중심지로 자리 잡게 되었고, 상대적으로 이전의 중심지역은 변화의 물결에서 제외되었다. Ⅰ은 인천이 도시적인 특성을 전혀 보이지 않는 시기였지만 Ⅱ는 인천이 도시로 발전하는 발판이 마련되고 점차 성장해 나가는 시기였다.

'원인천'은 Ⅰ과 Ⅱ시기로 한정한다. 인천을 전통적인 지역으로 한정한다면 Ⅰ시기의 중심지만 포함이 된다. 그러나 근대 이후에 형성된, 그리고 보통사람들의 머릿속에 각인된 지역을 기준으로 한다면 Ⅱ시기의 중심지가 인천이 된다. Ⅰ시기의 지역은 오랫동안 인천의 중심지였다는 점에서 의미가 있다. 비록 개항 이후 그 역할을 새 도심에 넘겨주기는 했지만 인천 토박이말의 명맥을 이어오는 동시에 새로운 인천 토박이말을 형성하는 바탕이 되었다는 점에서 그 가치를 찾을 수 있다.

Ⅱ시기의 중심지는 오늘날의 인천을 대표하는 지역이라는 점에서 원인천에 편입시킬 수 있다. 도시의 팽창과 함께 많은 외지인이 유입되기는 했지만 새로운 원인천 말의 형성에 이 지역의 언어가 바탕이 되었다. 반면에 외지인과의 접촉 과정에서 이 지역 토박이들의 말도 변화를 입었을 것이다. 이러한 과정에서 새로이 형성된 이 지

역의 말은 오늘날의 원인천 말을 대표하는 토박이말로서 충분한 가치를 지닌다.

Ⅲ은 인천이 대도시로 발전해 가는 시대이다. 행정구역의 변동이 잦은 가운데 Ⅱ시기에 형성된 도심의 인구가 꾸준히 늘었고, 주변의 일부 지역이 인천에 편입되어 인구가 더 늘게 되었다. 이 시기에 인구와 영역의 변화가 있기는 했지만 본질적으로는 Ⅱ시기에 형성된 인천이 팽창해 가는 시기라 할 수 있다. 한국전쟁을 계기로 외지인의 유입이 많았고, 도시의 특성상 여러 지역의 사람들이 유입되기는 했지만 근대 이후 형성된 인천 영역 내에서 팽창이 이루어지는 시기였다.

Ⅳ는 행정구역의 개편에 따라 영역이 급격히 확장된 시기이다. 인천직할시가 인천광역시로 바뀌면서 강화군, 옹진군 전부와 김포군 검단면을 흡수하게 된 것이다. 이러한 변화는 행정구역상의 변화일 뿐만 아니라 인천말의 성격이 바뀌는 계기가 되었다. Ⅲ시기에 비록 영종도와 용유도가 편입되기는 했지만 인천과 상대적으로 가까운 지역이고 면적도 그리 넓지 않았다. 그러나 Ⅳ시기에 편입된 강화군과 옹진군은 거리도 멀고 면적도 넓을 뿐만 아니라 언어적으로도 인천 지역과 이질성이 클 가능성이 높다. 강화군과 옹진군은 이전에 독립된 군이었기 때문에 언어 면에서도 전통적인 방언권을 형성하고 있을 개연성이 크다. 이러한 두 지역이 인천에 편입된 것은 이전에 도시 자체가 팽창되는 것과는 언어적인 면에서 양상이 다를 수밖에 없다. 따라서 이 시기에 편입된 두 지역은 언어 면에서도 이전의 인천 지역과 달리 취급해야 한다.

Ⅲ, Ⅳ의 기간 동안 인천에 포함된 지역 중 특징적인 것은 강화와 옹진이다. 내륙의 다른 지역도 인천에 포함되거나 분리되기도 했지만 본래 인접한 지역이어서 언어적으로는 큰 차이가 나타나지 않을 가능성이 크다. 그러나 강화와 옹진은 섬일 뿐만 아니라 역사적, 지리적으로도 인천과 다르다. 더욱이 옹진은 원인천에서 매우 멀리 떨어진 서해5도까지 포함한다는 점에서 언어 면에서 이질적일 가능성이 크다.

4. 가깝고도 먼 인천말을 찾아서

서울말이 받는 대접을 생각하면 인천말에 대한 홀대가 이만저만이 아님을 알 수 있다. 지역어라는 관점에 기대면 서울말은 서울 지역어일 뿐인데 표준말과 같은 뜻으로 쓰일 때가 많다. 게다가 서울의 역사적, 문화적 중요성을 고려해 조사와 연구가 꽤 많이 이루어져 왔다. 사대문 안에서 대대로 살아온 토박이들의 말을 마치 천연기념물 대하듯이 조사하고 기록으로도 남겨 왔다. 서울말을 쓰는 사람들의 자부심 또한 대단해서 그들만의 모임도 있다. 그러나 인천말은 전혀 그렇지 못하다. 인천말이 본격적인 조사나 연구의 대상이 된 적도 없고, 이를 보존하기 위한 노력도 기울여지지 않았다. 그저 흔하디흔한 말의 하나로, 혹은 관심을 기울일 만한 것이 없는 말의 하나로 취급되었을 뿐이다.

인천말에 대한 홀대가 이해가 안 되는 것도 아니다. 서울에서 한 시간도 채 걸리지 않는 거리에 있으나 서울말을 쓰는 것도 아니고 '진짜 사투리'를 쓰는 것도 아니다. 커다란 항구와 세계 최고의 공항을 품고 있지만 서울의 관문 취급을 받기 일쑤다. 서울을 감싸는 도성 안, 혹은 사대문 안이라는 분명한 핵심 좌표를 가진 서울과는 달리 인천에는 그런 지점이 없다. 게다가 크기도 크기지만 역사적 무게도 버거운 강화도를 안고 있고, 하나의 행정구역으로 쓸어 담기에는 너무도 멀리 흩어져 있는 서해의 여러 섬들도 포함하고 있다.

그러나 그것이 인천이다. 인구 300만 명이 넘는 거대 도시이자 북으로는 황해도, 남으로는 충청남도에 연접해 있는 광역시이다. 서해의 작은 어촌이었다가 개항과 더불어 급격하게 팽창하기 시작한 도시, 행정구역의 재편 과정에서 강화도는 물론 김포의 일부까지 포함하게 된 도시가 인천이다. 나아가 충청도가 빤히 보이는 섬부터 북한 땅이 코앞에 보이는 섬까지 모두 끌어안게 된 도시가 인천이다. 근대 이후 인천의 역사가 복잡하다 보니 인천말에 대한 접근은 이러한 역사를 모두 감안해야 한다.

그동안의 인천말에 대한 저자의 조사 결과는 네 권의 책으로 출판되었다. 2009년 원인천 지역을 시작으로, 2011년 강화도, 2014년 인천 연안도서의 토박이말에 대해 조사가 이루어졌고 각각 출판되었다. 그리고 2017년부터 인천 원해도서의 토박이말에 대한 조사가 시작되었다. 2014년까지 출판된 『인천 토박이말 연구』, 『강화 토박이말 연구』, 『인천 연안도서 토박이말 연구』 3권은 연구보고서이자 자료집의 성격을 띠고 있다. 이 중에서 각 지역의 분석 결과는 2017년에 『인천말 연구』로 다시 종합되었다.

이 책은 그동안의 조사와 연구를 바탕으로 하되 이전의 책에서 쓰지 못한 이야기 중심으로 구성된다. 행정구역상 인천에 편입되어 있는 지역을 지리적, 역사적 특성에 따라 넷으로 나누어 각 지역의 말에 대해서 소개한다. '가까운 인천'은 결국 '원인천'이기도 하다. 진정한 의미의 인천말은 이 지역의 말이기도 하기 때문에 '원인천의 말'을 가장 먼저 다룬다. 뒤이어 역사적, 지리적 고유성이 인정되는 강화 지역의 말은 '강화도의 말'로 다룬다. 편의상 '먼 인천'으로 불렸지만 지리적으로나 거리상으로나 가까운 인천 연안의 섬들은 '연안도서의 말'로 묶어 그다음으로 다루고, 서해5도를 비롯한 먼 바다의 말은 '원해도서의 말'로 묶어서 마지막으로 다룬다.

자료를 나열하고 언어학적인 해석을 하는 것은 이전의 저술에서 이루어졌다. 이전의 저술들은 방언 연구자 및 한국어 연구자를 위한 것이어서 방언의 표기와 그에 대한 설명 모두가 전문가라야만 이해할 수 있다. 단순히 인천말에 관한 소박한 관심을 가지고 접근하고자 하는 일반인들은 쉽게 이해하기 어려웠다. 따라서 이 책에서는 인천말에 대해 다루되 누구나 쉽게 접근할 수 있고 이해할 수 있게 재구성한다. 어려운 언어학적인 논의보다는 조사과정에서 만난 제보자들의 구술을 제시하고 그것을 이야기로 다시 푼다. 이 이야기는 결국 인천 각 지역 토박이들의 삶이자 인천의 역사이기도 하다. 물론 최종적인 관심의 대상은 '말'이니, 이야기 속에 담긴 말에 대한 서술은 지속적으로 이루어질 것이다. 그 과정에서 가깝고도 먼 인천말의 특성을 직간접적으로 드러내고자 한다.

거대도시의 중층적인 언어를 기술하기 위해서는 해당 지역의 말에 대한 다각적인 조사와 연구가 필요하다. 특히 인천과 같이 지속해서 성장해온 도시의 말은 시간과 지역 모두에 따라 변이가 크다. 따라서 인천말에 대한 완벽한 기술을 위해서는 각 지역의 말에 관해 시간과 공간의 축 모두를 고려하여 대규모로 조사를 하고 계량적으로 처리를 해야 한다. 그러나 이 책의 목적은 인천을 구성하는 각 지역의 전통적인 말을 가능하면 본래의 모습에 따라 그려내는 데 있다. 이러한 기술을 위해서는 오히려 전통적인 방법에 따라 조사와 기술을 진행하는 것이 효과적이다.

이 글은 각 지역을 대표할 만한 제보자 한둘을 선정해 긴 시간 동안 심층적인 조사를 하여 그것을 자료집으로 만들어 기술의 바탕으로 삼았다. 또한 긴 시간 동안의 자연발화를 녹취해 필요한 부분을 뽑아 기술하였다. 이러한 방법은 특정 지역의 언어를 깊이 있게 기술하는 데 효과적이다. 자료는 2009년 이래 2018년도까지 지속적으로 진행되고 있는 조사 자료 중에서 선정하였다. 자연발화 자료의 대부분은 이전에 출간된 연구서의 것과 중복되지만 이해를 돕기 위해서 표기를 고치고 문맥도 일부 바로잡았다. 심층조사 자료도 이미 자료집으로 출간되었지만 인천말에 관심을 가진 독자가 흥미롭게 생각할 만한 자료만 선별해 한글로 표기하였다.

2부

원인천의 말

1. 세 가지 색 원인천

원인천은 말 그대로 본래의 인천이고 '가까운 인천'이다. 원인천 지역은 오늘날 인천의 시발점이자 근간이라는 점에서 매우 중요한 지역이다. 인천의 성장은 이 지역을 기점으로 해서 이루어졌고 오늘날에도 인천의 핵심적 지역이다. 그런데 앞에서도 언급했듯이 원인천 지역도 매우 중층적이다. 인천의 성장과정에 따라 새로운 각각의 지역에 부침이 있었다. 과거의 중심지와 오늘날의 중심지가 다르기도 하고, 각 지역의 성격이 달라지기도 하였다. 원인천 지역의 말은 이 지역의 성장과 변화 과정을 고려해 조사와 연구가 이루어졌으므로 이 지역의 말에 대한 서술 또한 그에 따라 이루어져야 한다.

원인천 지역은 다시 세 지역으로 나누어 조사를 진행하였다. 이 세 지역은 성격에 분명한 차이가 있어 '세 가지 색'이라고 비유적으로 표현할 수 있다. 세 가지 색을 띠는 각각의 지점은 '문학동, 월미도, 숭의동'으로 대표된다. 지역의 성격상 숭의동보다는 인천의 구도심 지역을 선정하고자 했으나 그 지역에서는 대대로 살아온 토박이를 찾기가 어려워 거리가 가까운 숭의동으로 대신했다.

문학동 지역은 인천의 전통적인 중심지이자 농업을 기반으로 한 지역이다. 이런 점에서 이 지역은 인천의 전통적인 토박이말을 보여주는 동시에 농촌 지역의 특성을 잘 보여줄 것으로 판단된다. 근대 이후 인천의 중심이 된 월미도 부근은 본래 어촌 지역이었다. 그리고 개항장이 형성된 이후에는 도심 지역으로 성장했다. 따라서 이 지역에서는 두 지점을 선정하였다. 하나는 어촌지역의 특성을 반영하고 있을 것으로 예상되는 월미도 지역이다. 월미도는 1914년에 인천부에 편입된 이후 현재는 행정구역상 인천시 중구에 속해 있다. 다른 한 곳은 숭의동으로서 개항 이후 형성된 도심과 인접한 지역이다.

| 원인천의 조사 지점

문학동은 인천부 관아가 있던 지역이자 전통적으로 농업을 주로 하는 지역이다. 이곳에는 여러 대에 걸쳐 농업을 하며 같은 지역에서 산 토박이들이 많다. 그러나 최근에 월드컵 경기장이 건설되고 개발이 진행되면서 다른 지역으로 이주한 토박이들도 많다. 그럼에도 불구하고 다른 지역에 비해 대대로 같은 터에 정착해온 토박이가 많은 편이다. 문학동 지역은 인천의 옛 읍으로서 1914년에 부천군 문학면 관교리로 통폐합되었다. 이후 인천부가 확장되면서 인천으로 편입되었다. 또한 1968년 구 단위의 행정구역 제도 실시로 남구에 편입되었고 1996년에는 문학동과 관교동이 나뉘었다.

월미도는 섬이었지만 이른 시기에 인천부에 편입되었고 매립 작업을 통해 육지와 연결된 지역이다. 한국 전쟁 전에는 대대로 이곳에 거주해온 토박이가 많았다. 그러나 인천상륙작전 이후 많은 토박이가 이곳을 떠났고, 한국전쟁 이후에도 이곳은 군대의 부지로 묶여 있어 토박이들이 돌아가지 못했다. 현재 월미도에 거주하는 사람은 토박이가 아닌, 외지에서 들어와 상업에 종사하는 사람이 대부분이다. 월미도는 1914년에 인천부로 편입되었고 한국전쟁 당시인 1950년에는 유엔군의 인천상륙작전이 감행된 곳이기도 하다. 1973년 행정구역 개편에 즈음하여 월미도는 중구에 편입되었다.

숭의동은 도심 지역과 인접한 지역이어서 도심의 특성을 반영할 것으로 보이는 지역이다. 도심의 특성을 더 잘 보여줄 것으로 판단되는 지역은 동구나 중구인데 숭의동은 1968년 이후 남구에 편입되어 있다. 따라서 숭의동은 도심의 언어적 특성을 반영하는 최적지가 아닐 수도 있다. 그러나 동구나 중구에서는 토박이가 극히 드물다.

동구나 중구 지역은 상업지역, 관공서지역 및 각종 도시 서비스 지역이어서 여러 대에 걸쳐 이 지역에 거주해온 토박이를 찾기 어렵다. 따라서 도심에 가장 인접한 숭의동을 조사 지점으로 택하였다. 숭의동 지역은 구한말 시기에는 인천부 다주면 장의리였다가 1936년에 인천부 대화정으로 개편되었다. 1947년에는 인천부 숭의동으로 개편되었다가 1968년 구 단위 행정구역 제도 실시로 인천시 남구 숭의동으로 개편되었다.

제보자는 위의 세 지역에서 선정하였다. 그런데 본 연구의 제보자들 모두 현재는 위의 지역에 거주하지 않는다. 대대로 도시의 특정 지역에 살아온 토박이라 할지라도 도시의 변화 및 정책상의 이유로 거주지를 떠나야만 하는 경우가 많이 있기 때문이다. 인천 지역도 마찬가지로, 제보자들은 급격한 도시의 변화과정에서 대대로 살아왔던 지역을 떠날 수밖에 없는 상황이었다. 비록 여러 이유로 대대로 살아오던 출생지를 떠났지만 모두 인천의 영역 내에 거주하고 있다.

2. 문학동 토박이의 말

인천시 남구 문학동, 어쩐지 꽤나 익숙한 동네다. 충청도에서 태어나 서울에서 성장한 필자의 이력을 보건대 필자가 문학동을 알기는 어렵다. 전국이 온통 붉은 악마의 물결로 일렁이던 2002년 월드컵 당시의 문학경기장 때문일까? 아니다. 인천 각시와 결혼해 처가 근처에 살림을 차린 이후 반은 문학동 토박이가 된 숙부 덕

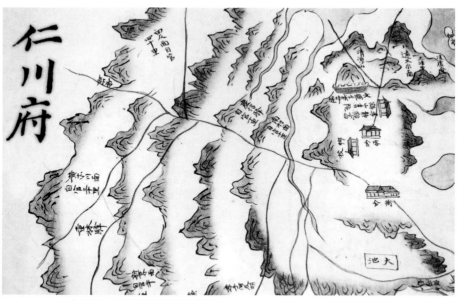

| 옛 지도 속의 인천도호부 청사와 향교

에 문학동은 익숙하다. 1980년 언저리에 노량진에서 전철을 타고 제물포에 내려 4번 버스를 타고 인천 시내를 맴돌다 보면 도착하는 곳 문학동, 나이 차이가 별로 나지 않는 사촌 동생들이 있어서 방학 때마다 하루 이틀쯤은 머물러 가던 그 문학동이다.

2009년 6월, 그 문학동을 다시 찾는다. 그러나 30년 전에 눈으로 찍어 머릿속에 저장해 둔 사진과는 너무나도 딴판인 거리의 풍경이 놀라울 따름이다. 그래도 오랫동안 모습을 유지하고 있었는데 2002년 월드컵이 많은 것을 바꾸어 놓았단다. 월드컵 경기장 건설과 함께 많은 이들이 문학동을 떠나 다른 곳에 자리를 잡았다. 여러 차례 수소문 끝에 찾은 제보자 이선진 어르신도 마찬가지다. 물어물어 찾아가 보니 90년 넘게 살던 터를 떠나 구월동의 아들 집에 머무르고 계신다. 문학동 옛길을 하릴없이 거닐다 인천 도호부와 향교가 있었던 곳으로 발걸음을 옮긴다. 그래도 도호부와 향교가 있던 동네이니 '원인천'의 핵심지역일 것이라 스스로 위안을 삼는다.

전화 연락을 미리 하고 찾아가 드디어 만나 뵙게 된 제보자, 어쩐지 낯이 설지가 않다. 제보자는 문학동 토박이인 숙모님과 무척이나 잘 아는 사이다. 숙부님 댁과 얼마 떨어지지 않은 곳에서 사셨으니 문학동을 방문했을 때 오다가다 마주쳤을지도 모른다. 1915년생이니 우리 나이로 95세인데 무척이나 정정하시다. 기억도, 목소리도 또렷하다. 문학의 역사, 아니 인천의 역사를 고스란히 받아 적을 수 있을 만한 제보자임이 틀림없다. 이미 여러 가지로 유명한 분이기도 하다. 인천시 남구 학산문화원이 펴낸 『구술자서전, 남구 사람들의 삶과 일』에 소개된 문학동 토박이이다.

| 문학동 제보자 이선진

이름: 이선진(남)

출생: 1915년

출생지: 경기도 부천군 문학면(현, 인천시 남구 문학동)

조사 당시 거주지: 인천시 남동구 구월동

문학동의 제보자는 1915년 부천군 문학면(현재는 인천시 남구 문학동)
에서 태어나 남동구 구월동으로 이사하기까지 한 번도 문학동을 떠
나지 않은 문학동 토박이다. 한국전쟁 때 부여로 피난을 떠나기도
했으나 며칠 만에 돌아왔을 정도로 문학의 본토박이이다. 부천공립
보통학교(지금의 문학초등학교)를 졸업한 이후 5년 정도 양조장에서 일
한 기간을 빼고는 내내 농사를 지어왔다. 고장에 대한 애착도 강해
농사일을 하는 틈틈이 17년 동안 문학동의 동장직을 맡았었다.

어릴 적 방문했던 문학동의 기억, 숙모님 친정에 대한 이야기 등
을 나누면서 분위기는 금세 화기애애해졌다. 조사를 시작할 때 제보
자의 경계심을 해제시켜 이야기가 술술 나오게 하는 일이 제일 어려
운 일인데 그럴 걱정이 없다. 어르신은 자연스럽게 자신의 성장과정
을 풀어놓으신다.

　　내 여기 산 지는 아주 오라. 일천구백십오년에 태나서 문학동에
　　서 계속 살았으니까. 내가 태난 곳이 경기도 부천시 문학면 당시
　　행정구역으로는 그랬어. 지끔은 인천시 남구 문학동이지만. 그 당
　　시엔 문학 출장소가 있었에요. 농사지었지 그때는. 공장 없어서요.
　　그래두 나는 농사도 짓구 공장에두 댕겼어. 시내에 저 조일양조장

거기 댕겼었어. 자전거 타구설랑 매일 왔다갔다 허구. 그렇게 거 공장 댕이다가, 또 그 아버지하구 같이 농사두 좀 짓다가, 그리다 가 또 오십 년도에 동장 했어요. 그 후로 십칠 년, 민선으루 삼선 했구. 그리다가 박정희 대통령 그때는 선출이 아니구 그냥 임명제로 해서 임명을 받았지 또. 그래 가지구 거의 한 십 년 됐지 그거.

첫마디부터 들리는 '오라'가 흥미롭다. 요즘 사람들 말로는 '오래됐어' 정도일 텐데 아무렇지도 않게 '오라'로 나온다. '오래다'의 옛말이 '오라다'이고 15세기의 문헌에서도 '오라'로 나오니 그리 이상한 것은 아니다. 단지 이리 쓰는 사람을 만나본 기억이 없기 때문에 낯선 것일 뿐이다.

귀로 들으면 놓치기 쉽지만 받아 적고 보면 눈에 잘 띄는 것이 '살었으니까, 받었지' 등이다. '살다'와 '받다'를 표준어대로 활용하자면 '살았으니까'와 '받았지'가 되어야 한다. 굳이 '모음조화'란 용어를 쓰지 않더라도 상식에 속하는 것이기도 하다. 과거에는 이 '아'와 '어'의 모음조화가 엄밀하게 지켜졌었는데 '아'를 써야 할 것들도 점차 '어'로 넘어가는 경향이 나타나고 있다. 맞춤법에 맞게 써야 하는 글에서는 이런 예가 별로 나타나지 않지만 말에서는 흔하게 나타나는 현상이다. 그런데 아흔이 넘은 분의 말에서도 이러한 현상이 나타난다. '아'와 '어'의 모음조화가 사라진 생각보다 '오라다'.

'오'가 쓰여야 할 자리에 '우'가 쓰이는 것은 훨씬 더 자주 발견된다. '그래두, 짓구, 공장에두, 타구설랑, 허구, 아버지하구, 농사두, 민선으루, 했구, 아니구, 가지구' 등 짧은 시간의 말에서 일일이 다

열거하기 어려울 정도로 나타난다. 이것이 현실이다. 그저 표기만 생각하고 귀를 기울여 듣지 않으면 잘 모르지만 귀를 쫑긋 세우면 수시로 발견된다. 사실 이것은 전국적으로 나타나는 현상이다. 지역과 세대를 가리지 않고 '하고, 그리고, 농사도'의 '고, 도'는 입말에서는 대부분 '구, 두'로 나타난다. 전라도 일부 지역에서만 '고, 도'로 나타날 뿐이다. 아주 오래전부터, 그리고 광범위한 지역에서 '오'가 아닌 '우'로 나타났는데 규범에서만 '오'였던 것이다.

'지끔은, 있었어요, 댕이가다, 타구설랑'도 눈길을 끈다. 표기는 '지금'이지만 말에서는 '지끔'으로 하는 사람들이 꽤 많은데 아흔 살이 넘은 어르신의 말에서도 확인되는 것이다. '있었어요'와 '타구설랑'은 서울말의 특징이라고 알려진 것들이기도 하다. '했어요, 갔어요' 등이 '했에요, 갔에요' 등으로 나타나는데 인천 토박이의 말에서도 나타난다. 당연한 일일 듯도 하다. 여기는 '가까운 인천'이다. '댕이다'는 또 어떤가? '다니다' 대신 '대니다' 혹은 '댕기다'를 쓰는 것은 서울 경기 전체에 흔한 일이다. 그런데 어르신은 '댕이다'까지 나아간 것이다.

인천말에서 방언이나 사투리의 흔적을 찾을 수 없다는 것은 이미 거짓말임을 알 수 있다. 방언에 대한 학술적 정의를 따르자면 어르신이 한 모든 말이 방언이다. 굳이 학술적인 정의가 아닌 통념상의 방언 혹은 사투리의 정의를 따른다고 하더라도 어르신의 말 속에서는 수많은 방언이 발견된다. '표준어'와 다른 것을 방언이라고 본다면 어르신의 말 속에서는 표준어가 아닌 것이 너무도 많다. 표준어의 근간이 된 서울말도 표준어와는 사뭇 다른데 문학동 토박이의 말은 서울말과 같은 구석이 있으면서도 또 다른 면을 보여준다. 거듭 말하지만 사투리는 어디에나 있다. 인천에도 당연히 있다. 아흔이 넘은 어르신의 입을 통해 나오는 모든 말이 사투리이다. 다만 우리가 기대하는 만큼 '많이 다른' 사투리가 아닐 뿐이다. 당연하다. 가까운 인천의 다른 지역보다 더 가까운 인천이 바로 문학동인 것이다.

> 내가 여기서 태났는데 마을 이름이 학하구 관계가 많어. 저 우리 사는 데는 학산 마을이구, 고 옆에는 산성마을. 또 저 건너는 저, 향교 있어서 행교마을. 또 고 위는 관청마을. 그렇게 넷으로 노나져 있어요. 왜 학산이라구 했는지 그건 몰르겠어요. 그게 학이 많이 거기 왔었는지. 그리구 그 옆에는 산성마을은 문학산 봉우리 있지? 그전에 거기에 성이 있었어. 그래서 그 그쪽으로는 산성마을루 아마 되어 있는 거 겉구. 거 건너는 향교가 있어서 향교마을로 되어 있구. 고 위로는 관청이 있어서 관청마을루 아마 이렇게 청사가 있구 그래서.

어르신의 이야기는 자연스럽게 마을 이름에 대한 것으로 넘어간다. 문학산 주변의 마을 이름은 모두 '학(鶴)'과 관련이 있다. '문학동, 학익동, 선학동, 청학동' 등이 그렇다. 지명에 '학(鶴)'이 들어가 있는 것은 주의 깊게 봐야 할 필요가 있다. 서울의 '학여울'이나 울산의 '학성', 그리고 전국 곳곳에 남아 있는 '학다리'가 그렇다. 이런 지명들은 모두 한자 '鶴'을 쓰지만 본래 '학'과는 관계가 없는 지명이다. '흙여울, 흙성, 흙다리' 등의 속명으로 불리다가 한자로 지명을 적는 과정에서 발음이 비슷한 '鶴'을 가져다 쓴 것이기 때문이다.

문학산 일대의 마을 이름은 일차적으로는 '문학산'의 본래 이름인 '학산'과 관련이 있다. 산 이름이 '학'이니 주변의 마을 이름에 '학'이 포함되는 것은 자연스러운 일이다. 문제는 '학산'의 '학'이 다른 지명에서 보이는 '흙'과 관련이 있냐는 것이다. 우리나라의 산은 돌산과 흙산이 반반이다. 흔하디흔한 것이 흙산이니 그것을 그대로 가져다가 '흙산'이라고 이름을 붙였을 가능성은 그리 크지 않아 보인다. 그래서 학산은 한자 그대로 학과 관련이 있는 것으로 보는 설이 더 많다. 다만 이 산의 본래 이름은 '두름'과 관련이 있는데 이것을 '두루미'로 보아 '鶴'을 썼다는 설이 흥미를 끈다.

어르신의 말 속에 나타나는 '노나져, 겉구'는 좀 더 자세히 들여다보아야 한다. 표준어로는 '나누다'이지만 사전에도 '노느다'가 올라 있고 중부 지역 사람들의 상당수도 쓰고 있다. 본래 '는호다'였던 것이 '논호다'를 거쳐 오늘에 이른 것이다. '노느다' 단독으로는 잘 안 쓰이고 '노나 먹다'에서만 주로 나타나 아주 흔한 언어의 화석과도 같은 양상을 보여주고 있다. '겉다' 또한 아주 오랜 내력을 가지고 있는 말이다. 오늘날에는 '같다'이지만 본래는 '곧ㅎ다'였다. 이것이 변화에 변화를 거듭해 표준어로는 '같다'가 되었다. 'ㆍ(아래아)'가 대부분 'ㅏ'로 바뀐 것을 감안하면 '같다'가 자연스럽지만 '겉다'를 쓰는 지역도 꽤 된다. 어르신의 말을 귀 기울여 듣다 보면 종종 '오래된 현재'를 만나게 된다.

'몰르겄어요'는 많은 고민을 하게 한다. 인천 토박이들도 잘 인지하지 못하지만 표준어의 '겠'은 인천말에서는 '겄'으로 나타난다. 그러니 '몰르겠어요'는 '몰르갔어요'로 나타나야 한다. 같은 문학동 토박이인 숙모님의 말이나, 숙모님께 말을 배운 사촌들의 말 모두에서도 '겠'은 '갔'으로 나타난다. 그리고 이 '갔'은 인천 서해안을 타고 황해도와 평안도까지 이어져 나타난다. 그런데 이 어르신의 말에서는 중부방언의 중남부 지역에서 많이 나타나는 '겠'으로 나타난다. 인천말이 애매한 이유도 여기에 있다. 문학동에서 조금만 나가면 바다이지만 이 마을은 전통적으로 농업을 해오던 마을이다. 바다보다는 육지와 더 친한 동네다. 어쩌면 어르신은 바다보다 육지와 더 많이 통하던 시대의 말을 간직하고 있는 것인지도 모른다.

> 동네 샛길은 많이 달라졌지. 지끔, 시내허구 남동으로 가는 큰 대로가 있었거든. 그전에, 예전에. 그거 하나 있었지. 그때는 뭐 자갈밭에 그냥 돌 갖다 깔구 그래 갖구그냥 거기 댕겼는데, 지끔은 뭐 아스팔트 다 해가지구 뭐. 거기 지금 거 구길, 사 번 뻐쓰 댕기는데 기기 예전 길이거든 그게. 그래 가지구 저 지 지 핵교 앞으로 새로 난 길이 있어요, 크게. 그거 새로 낸 거거든. 거기 이렇게 갈라져 가지구 이쪽이 문학동이구, 저쪽은 관교동이구 그랬거든? 거 개천이 있구.

달라진 것이 어디 길뿐이랴. 그러나 문학동의 길들은 이곳에서의 변화를 상징적으로 보여준다. 지금도 다니고 있지만 어르신의 말처럼 '사번 뻐스 댕기던' 그 길은 '구길'로 불린다. 그리고 '핵교 앞으로 새로 난 길'이 말 그대로 '신작로'가 되었다. '구길'의 도로명은 '소성로'이고 '핵교 앞 신작로'의 도로명은 '매소홀로'다. '소성(邵城)'은 통일신라 시기에 인천 지역을 부르던 이름이고, '매소홀(買召忽)'은 한강 유역을 점령한 고구려의 장수왕 때의 인천 지역 이름이니 결국은 같은 이름이다. 본래의 이름은 '미추홀(彌鄒忽)'인데 그것이 '매소홀'로 바뀌고 다시 '소성'으로 바뀐다. 땅은 하나이되 이름은 여럿이고, 같은 땅에 여러 갈래의 길이 다시 생긴다.

말도 그렇다. 땅의 주인이 바뀌면서 말도 바뀐다. 새로 생긴 길을 따라 다른 지역의 사람들이 들어와도 말이 바뀐다. 그동안 얼마나 많은 사람이 이곳을 드나들었는지, 혹은 이곳에서 살았는지 아무도 모른다. 그러나 확실한 것이 하나 있다. 이 땅에 남아 있는 길들이 그 사람들의 삶의 흔적이듯 이 땅의 사람들이 쓰는 말도 그 사람들의 삶이 축적된 결과이다. 길이 바뀌듯 말이 바뀌면서 오늘날에 이른 인천의 말, 앞으로도 계속 바뀌어 갈 수밖에 없는 말이다. 옛날의 말과 많이 달라졌을 수도, 외지의 말에 '오염'되었을 수도 있지만 그것마저도 결국 인천의 말이다. 어르신의 입을 통해 잔잔히 흘러나오는 모든 말들이 그렇다.

이게 옛날 활이거든, 이거? 국궁. 그게 요 명칭이, 이게 이 뭐 이, 신고니 뭐, 목소, 삼삼이 이게 요기 요기 요 이 표시가 있지 않아? 이렇게 다. 요건 사구. 요거 활 쏠 때 여기다 끼구, 이 시위를 댕기는데 이렇게. 걸굿대라 그래 이게, 이게 손이 아프면 이거 못 쏘거든? 그게 이거 끼구 쏘는 거구. 지끔은 개량궁, 그게 프라스틱으로 다 맹그러 놔서 아주 그런 복잡한 것도 없구 아주 쏘기 좋고 싸구. 개량궁이 싸니깐 활 쏘는 사람 많어. 살두 죽시, 대루다 맹기는 살 그 그걸루 쏴야 되는데. 하나에 삼십, 삼만 원. 그리끼는 그거 안

허구, 그저 개량궁 그 낚싯대 겉은 걸루다가 그렇게 맹글었어요.

칠십 년이 넘게 쏘아온 국궁, 어르신은 백수를 바라보는 연세이지만 틈만 나면 활터를 찾으신다. 활과 화살에 대한 꼼꼼한 설명, 그러나 알 길이 없다. '신고, 목소, 삼삼이, 사구, 걸궂대' 등등 활을 직접 만져보고 쏘아본 사람들만이 알 수 있는 말이다. 우리말을 연구하고 가르치는 것을 직업으로 삼고 있지만 처음 들어보는 말이다. 그러나 부끄러워할 일은 아니다. 필요하면 따로 조사해서 익히면 된다. 인천 토박이들이라도 어르신의 입을 통해서 끊임없이 쏟아져 나오는 인천말을 다 알지 못한다. 그리고 그것이 인천말인지 알지 못하는 사이에 인천말을 잊어간다. 이것 역시 부끄러워할 일은 아니다. 혹시라도 관심이 있다면 녹음하고 기록하면 된다. 현실 속에서는 남아 있지 않더라도 기록 속에 남아 있다면 누군가는 인천말을 다시 꺼내어 볼 수 있다.

어르신의 말처럼 여러 겹의 나무는 물론 소의 뿔과 힘줄을 부레로 붙여서 만든 활은 보기 힘들다. 만드는 데 걸리는 시간만큼 비싸기도 하다. 그러나 활터의 궁사들은 '플라스틱 국궁'을 저마다 손에 들고 있다. '플라스틱'과 '국궁'은 영 어울리지 않는 조합이다. 화살도 대나무가 아닌 낚싯대용 카본으로 만든다. 그러나 활터의 사대에 오른 이들은 한껏 예를 갖춰 시위를 당긴다. 흘러가는 시간 속에서 변해가는 풍경이다. 인천의 말처럼. 시간이 흐르면 어르신이 쓰는 인천말은 자취를 감출지도 모른다. 플라스틱과 카본으로 만든 활과 화살처럼 표준어 혹은 서울말로 대체될지도 모른다. 그러나 인천에 사람이 사는 한, 그리고 그들의 삶이 진솔하게 담긴 말이 있는 한 그것은 인천말이다.

"관중이요~~~"

사대(射臺)에 선 어르신의 시위를 떠난 활, 커다란 포물선을 그리며 150미터를 날아가더니 둔탁한 소리를 낸다. 명중(命中)이다. 아니 활터에서는 '관중(貫中)'이라 한다. 보통 사람들은 당기기도 어려운 활로 150미터 밖의 까마득한 과녁을 맞힌 것이다. 활터 여기저기서 회원들의 박수 소리가 들린다. 오랜만에 맛보는 관중의 기쁨에 어르신도 싱글벙글한다. 오랜만에 옛이야기를 흠뻑 쏟아놓다 보니 예전의 그 힘과 솜씨가 다시 나오는 듯하다. 다시 사대에 오르시는 어르신께 인사를 드리고 발걸음을 돌린다. 건강하시길 빌면서, 인천말도 늘 건강하길 빌면서.

3. 월미도 토박이의 말

서울에서 당일치기로 어딘가 다녀오고 싶은 사람에게 월미도는 몇 손가락 안에 드는 후보지다. 전철 1호선을 타고 종점에서 내리면 어렵지 않게 찾아갈 수 있는 곳이기 때문이다. 탁 트인 바다는 아닐지라도 바다 냄새를 맡을 수 있고, 바닷가에서 볼 수 있는 음식을 먹을 수 있다. 각종 놀이시설도 있어서 시간을 보내기에는 그만이다. 이름은 섬이지만 바다를 메워 육지의 일부가 된 지 오래다. '달의 꼬리[月尾]'란 이름 때문에 섬의 모양이 반달의 꼬리처럼 생겼다고 오해하기 쉬우나 오늘날 남아 있는 땅의 형태로는 그것을 확인할 길도 없고, 우리말의 소리에 따라 한자로 적은 그 지명을 믿을 수도 없다. 그래도 인천의 일부로서 독특한 풍경을 지니고 있는 곳임은 확실하다.

인천을 조사하면서 바닷가를 조사하지 않을 수 없다. 그런데 인천의 바닷가는 애매한 면이 있다. 넓은 바다를 볼 수 있는 곳도 드물고, 어선이 드나드는 항구를 찾기도 힘들다. 어선이 드나드는 소래포구가 있지만 이 이름 속의 '소래'는 경기도 시흥시에 있는 '소래산'에서 유래했으니 께름칙하다. 인천항이 있으나 이곳은 커다란 여객선과 화물선이 드나드는 곳이니 바닷가라기보다는 항구다. 여러 곳을 수소문한 끝에 월미도를 찾은 이유가 여기에 있다. 그나마 예전에는 바다를 접하고 많은 이들이 살던 곳이다.

그러나 월미도에는 월미도 사람이 없다. 오늘날의 월미도에는 상가와 각종 유흥시설이 있지만 이곳을 지키는 사람들은 월미도 토박이들이 아니다. 월미도 토박이들은 한국전쟁 와중에 고향을 떠나 아직도 돌아가지 못하고 있다. 월미도 토박이들을 찾는 과정에 월미도 원주민 귀향대책위원회 위원장님을 만나게 된 것은 당연한 결과이기도 하다. 위원장님의 소개로 만나게 된 이범기 어르신은 1950년 9월 13일 새벽을 잊지 못하신다. 인천상륙작전이 있던 그날 월미도 전체에 비처럼 쏟아지던 네이팜탄과 기관총알을 피하던 이야기부터 꺼내놓는다. 사연은 가슴이 아프지만, 말을 끊지 않으면 한 시간 내내 이야기를 풀어내는 훌륭한 제보자다.

| 월미도 제보자 이범기

이름: 이범기(남)

출생: 1932년

출생지: 인천시 만석동(월미도, 현 인천시 중구 북성동)

조사 당시 거주지: 인천시 남구 주안동

 월미도의 제보자는 1932년 월미도(인천시 만석동, 현재는 인천시 중구 북성동)에서 태어나 성장하였다. 선대는 화물선 선원으로 일하다가 후에는 수산시험장에서 근무하였다. 고등학교를 중퇴한 뒤 1950년 12월에 입대하여 1954년 7월에 제대하기까지 한국전쟁을 전장에서 고스란히 체험하였다. 제대 후 미군 부대의 정비공으로 일했고, 1967년부터 4년 동안 월남에 파견되어 군 장비 수리 업무를 맡았다. 귀국한 뒤에는 직장생활을 하다가 사우디아라비아와 리비아에 잠시 다녀오기도 하였다. 한국전쟁 후에 월미도에는 민간인이 거주할 수 없어 중구 북성동으로 이주한 뒤 송월동을 거쳐 남구 주안동에 거주하였다.

| 월미도 위성사진

　그니깐 월미도서 출생을 해서 쭉 월미도 살다가 육이오 나서 인천 상륙 후 하인천 쪽에 북성동에 와서 살다가, 인제 거기서 송월동으로 이사 가고. 거기서 인저 주안 이동으로 이사 왔죠. 선대도 월미돈데, 그 인저 원 거시기는 옥련동이에요. 그때 나는 뭐 학생이니까, 학생이니까…… 선대는 선원이었어요.

　늘 그렇듯이 제보자에 대한 조사는 출생과 성장에 대한 이야기로 시작한다. 그러나 태어난 땅을 잃고 떠돌 수밖에 없었던 사연이 너무도 가슴이 아프셨던지 출생 이후 성장과정은 뚝 뛰어넘어 바로 한국전쟁 시기로 넘어간다. 그래도 선대는 선원이셨으니 바다와 관계된 분이 맞다. 인천 바닷가의 말이 기대된다.

　'인저, 인제, 인전……' 가장 먼저 들리는 말은 바로 이 말이다. 그런데 종잡을 수 없이 왔다 갔다 한다. 한 사람한테서는 대개 같은 말이 나오기 마련인데 이분은 다르다. 이 말들은 중부방언 일대에서 널리 쓰이는 말이다. '거시기'는 또 어떤가? 많은 사람들이 알고 있듯이 '거시기'는 전라도 지역 사람들의 말에서 본래 가리키고자 했던 것이 무엇이든 다 쓸 수 있는 말이다. 제보자를 제대로 선정한 것인지 의심이 들며 기분이 영 '거시기'하다.

> 그랬는데 인저 인천항을 열고 나서 그게 인저 석탄이 많이 들어오기 시작을 했져. 그 때에 경인 철도가 완전 인제 부설이 됐고 월미도에서 직접 인저 석탄을 풀었어요. 근데 외항에서 인제 석탄을 실어가지고 월미도 뒤 시방 그 해양경찰 경비정 하나 이렇게 세 논 데 있져? 고기 가서 창고를 지었어요. 아 그래 시방 그 뒤에는 매립이 됐지마는 거기 가서 이렇게 들어와 가지고 툭 이렇게 저쪽 위에 거시키까지는 뻘이거든. 그래서 거기는 물이 흘르지가 않아요. 앞뒤로다 흘러나가기 때문에 이거 카도가 져 가주구서 이렇게 된 데는 여기는 그렇게 쉬지를 않거든? 그니까 여기따 인자 배를 대고 시방 거 경비정 있는 데다 창고를 하나 짓고 거기서 석탄을 부려노면은 거기서 인저 기차에다 석탄을 실어 가지고 운반을 해선 가지고 나가고 그랬어요. 전에는 그 시방 월미도 언저리 댕기는 길이고 반백에 안 됐드렀어요. 내가 출생하기 전에 거기 인저 기차가 댕겼는데 그 때 당시에는 말뚝을 박어 가지고.

다시금 이야기가 인천으로 향하게 한다. 인천항과 월미도의 변화 과정이 술술 풀려나오기 시작한다. '시방'과 '인저'가 자연스럽게 배어 나온다. '다니다' 대신 '댕기다'를 쓰고, '밖에'와 '박아' 대신 '백에'와 '박어'를 쓰는 것을 보니 자연스레 인천말이 묻어나온다. 사실 '시방'과 '인저'는 지역적 분포가 분명한 말은 아니다. '시방'은 전남 지역과 평안도와 함경도 지역에서 많이 나타나는 것으로 보고되어 있다. '인저'는 충청북도와 경기 지역에서 흔히 나타나는데 이 두 단어만으로 보면 이 월미도 토박이의 말은 한반도 전체를 아우르는 말처럼 보이기도 한다.

어르신의 연배에 고등학교 중퇴는 꽤 높은 수준의 학력이다. 학력이 높을수록 사투리보다는 표준어를 쓰는 것은 어느 말에서나 공통적으로 나타나는 현상이기도 하다. 그러나 이야기 속에 빠지기 시작하면 표준어 대신 자연스레 어릴 적부터 써 오던 말이 나오기 시작한다. '했죠'나 '있죠'를 '했져'와 '있져'로 하는 것도 그렇다. 사실 듣는 이를 높이기 위해 쓰는 '요'는 일상의 대화에서는 거의 '여'로 나타난다. 이 어르신도 긴장한 상태에서는 '요'를 쓰다가 어느 순간 '여'로 넘어간다. '박어'와 '댕기다'도 그렇다. '박아'와 '다니다'로 하는 것이 규범에 맞겠지만 현실에서는 '박어'와 '댕기다'로 나타나는 일이 많다. 인천이 지리적으로 서울과 가깝기 때문에 표준말을 쓸 것이라 생각하는 것은 오해다. 사투리는 어디에나 있고 누구나 쓴다.

선친은 인저 수산시험장이 생기는 바람에 그리 인저 자리를 잃기셨죠. 나는 인저 육십칠년도에 월남을 갔드랬어요. 월남 왔다가 칠십년도에 왔고. 갔다 왔더니 인저 전부 배가 옳어 지금. 그 위쪽에 살믄서 그랬는데 인저 그 전쟁이 일어나믄서 관광사업도 시들해지고 기념품도 공급이 안 되고 해서 시들해서 그냥 장사를 못했죠. 그리고 나서는 그거는 완전히 인저 전부 옳어, 배가 옳어 지금. 그래서 그, 어민이 어업에 종사하던 사람들이 인제 배를 가지고 저쪽 영종도 벌 이쪽에 가서 인저 어업을 허고 이 조개도 그쪽에서 잡아 가져오구 생활했어요.

들어보면 들어볼수록 이범기 어르신의 말은 충청도를 포함한 중부방언 전체의 특성이 오롯이 드러난다. '옮기다'가 '옳기다'가 되는 것은 중부 이남에서 흔히 나타나는 현상이다. 물론 '외'를 아주 정확하게 발음하는 전라도 지역과 달리 '웨'로 발음해 [웽기다]가 되는 것은 충청 이북의 특징이다. 게다가 '위'도 '우이'를 빨리 발음하는 것처럼 되는 것은 전형적인 충청 서해안의 특징이다. 그뿐이 아니다. '없다'가 '웂다'가 되고 '살면'이 '살믄'이 되는 것도 그렇다. 그런데 또 고개를 갸웃하게 된다. '갔드랬어요'는 '그랬드래요?'와 같이 쓰여 강원도 말의 전형으로 알고 있는 이가 많지만 평안도 이북 지역에서 흔하게 나타나는 말이다. 황해도에 연접해 있는 강화도 옆 교동도만하더라도 평안도와 같은 '갓엇드랫어'와 같이 나타난다. 이렇게 보면 어르신의 말에서는 평안도 말과 같은 북쪽 지역의 말도 나타나는 것이다.

어르신의 말에서 바닷가 특유의 말은 잘 발견되지 않는다. 바닷가의 말이라고 해서 육지의 말과 크게 다른 것은 아니다. 다만 어업을 주업으로 하는 이들이니 바다, 배, 바람, 어로작업, 물고기 등과 관계된 어휘들이 많이 나타날 뿐이다. 직접적으로 어업을 해 본 적이 없는 이에게서 이런 어휘를 기대하기는 어렵다. 그리고 어르신의 진술 속에서도 그 이유가 잘 확인된다. 월미도 사람들 중 본격적으로 어업에 뛰어든 이들은 많지 않은 것으로 보인다. 애초에 어촌 지역이 아니라 커다란 항구에 인접해서 성장한 지역이니 항구를 삶의 터전으로 삼지만 바다를 본격적인 삶의 터전으로 삼은 것은 아니기 때문이다. 이는 인천말 전체에서 나타나는 특징이기도 하다. 원인천 지역에서 바닷가의 말을 기대하기는 어렵다. 섬으로 나가야 비로소 바다를 터전으로 하여 살아가는 사람들의 말을 확인할 수 있다.

> 그러다가 한 오일 전쯤에 대대적으로 폭격을 했어요. 그 때 집이 다 탔어요 그 때. 그니까 그때서 때리니깐 어디로 가 사람들? 전부 바닷가로 나와 뻐리지. 바닷가로 나와서 바닷가에도 머 나오니깐 인민군덜도 섞여 있다고 생각허고 기총소살 하는 거지 민간인들헌테. 그래 머 급하니깐 개펄에 가서 굴르면은 우선은 잘 눈에 띄지 않으니까 그리고 나니까 안 쏘니까는 그리고들 엎드려 있다가 다시 인제 물이 들어오니까 들어온 거지. 많었죠 그때는 월미도 사람이 많이 살았어요. 많이 살았는데 그 왜 그때 당시에는 그렇게 아수라장이 되고 나서는 안 보이면 죽은 사람이고 응? 소식 들을 수 있는 사람은 어디 갔다 어디서 산다 한데 그런 말 안 들리는 사람들은 전부 그냥 죽은 사람들이죠. 그니까 그때 다 헤지고 머 했기 때문에 제대로 파악을 못했어요.

어르신의 이야기는 다시 인천상륙작전이 있었던 그날로 돌아간다. 어르신을 비롯한 월미도 사람들의 일생에서 잊을 수 없는 순간이기도 하다. 방언조사를 하려면 '이야기' 보다는 '말' 에 집중해야 한다. 이야기에 몰입하다 보면 순간순간 지나가는 말의 특징들을 잡아내기 어렵기 때문이다. 그러나 가끔씩은 이야기가 말을 압도할 때가 있다. 삶과 죽음의 갈림길에 선 그날의 긴박한 이야기가 펼쳐지고 있는데 한가하게 언어적 특징이나 잡아내겠다고 눈에 불을 켜고만 있을 수는 없었다. 어느새 어르신의 이야기에 빠져 그날의 장면을 그려보고 있었다.

그래도 정신을 가다듬으면 들리는 말들이 있다. '생각허고, 민간인들헌테'가 들린다. '하다'와 '하고'가 대부분 '허다'와 '허고'로 나타난다. 이상한 일은 아니다. 표준말의 원천이 된 서울 사람들마저도 '허다'와 '허고'를 쓴다. 본래 'ㅎ다'였으니 'ㆍ(아래아)'가 'ㅏ'로 바뀌는 대신 'ㅓ'로 바뀐 것일 뿐이다. 서울을 벗어나 동쪽과 남쪽으로 가다 보면 '하다'가 '해다'로 나타나는 것에 비하면 그리 이상할 것도 없다. 사실 시종일관 '하다'가 아닌 '해다'라고 말하는 사람들도 자신이 그렇게 말을 하는지 모른다. 어르신 또한 그렇다. '많었죠'는 앞에서 나타난 '박어'와 같은 맥락이다. '많다'와 '박다'는 '많아'와 '박아'로 나타나야 할 것처럼 보이지만 서울과 인천을 포함한 중부지역에서 널리 '많어'와 '박어'로 나타난다.

'구르다'가 '굴르다'로 나타나는 것도 흔한 일이다. '흐르다'가 '흘르다'가 되고, '모르다'가 '몰르다'가 되는 것과 같은 맥락이다. 국어시간에 '르'불규칙이라고 배웠던 것들을 불규칙으로 하기가 싫어 많은 화자들이 자연스럽게 이렇게 바꿔가고 있는 것이다. 그런데 '헤지다'에서 갑자기 숨이 멈춘다. '헤어지다'가 아니라 '헤지다'이다. '세어 보다'가 '세 보다'가 되는 것처럼 역시 자연스러운 것일 수도 있는데 조명암이 작사한 옛날 노래 〈울며 헤진 부산항〉이 떠오른다. '헤어지다'와 '헤지다'는 말 그대로 '어' 하나 다른 말일 뿐인데 더 가슴 아프게 들린다. 삶의 터전을 잃어버린 이의 말이기 때문에 더 그런지도 모른다. 그때 흩어진 이들이 어디에서 어떻게 사는지, 아니 죽었는지 살았는지 모르기 때문에 더 그렇다.

지금의 월미도에도 사람이 산다. 본래 살던 사람들은 아닐지라도 여러 경로로 이곳에 들어와 그들의 삶의 터전을 이루고 있다. 이 땅에 월미도의 원주인들이 다시 돌아갈 수 있을지 모르겠다. 다시 돌아가더라도 과거의 삶의 모습을 이어가는 것은 불가능할 것이다. 그러기에는 월미도도 너무 많이 변했고, 세상은 더 많이 변했다. 인천의 모습도 많이 바뀌었고 월미도 사람들뿐만 아니라 각지의 인천 사람들도 뿔뿔이 흩어졌다. 그리고 월미도뿐만 아니라 인천 곳곳에 다른 지역의 사람들이 들어와 있다.

이것이 인천이기도 하고 인천말의 특징이기도 하다. 길은 뭍에도 있지만 바다에도 있다. 그런데 바다의 길은 뭍의 길과 다르다. 뭍의 길이 다다르지 못하는 곳이지만 바다의 길은 손쉽게 이어지기도 한다. 바다를 낀 인천의 말에서 충청 서해안의 말과 평안도 서해안의 말까지, 여러 흔적이 두루 발견되기도 하는 것이 그 이유다. 고스란히 남아 있는 인천말, 혹은 월미도말을 기대하기는 어렵다. 그러나 실망해서는 안 된다. 그렇게 섞이고 바뀌어 남아 있는 말이 방언이다. 인천말도 그렇다.

4. 숭의동 토박이의 말

　　인천 토박이말을 논하면서 빠뜨리지 말아야 할 곳이 있으니 인천 구도심이 바로 그곳이다. 구도심은 1883년 개항 이후 급격하게 성장했다. 세계 각국의 물자를 들여오던 무역회사와 다른 나라의 색다른 음식을 소개하던 요릿집, 그리고 일제가 몰려오면서부터 자리 잡기 시작한 일본인 거주지와 다른 한편의 내국인 거주지가 몰려 있던 지역이다. 많은 사람의 머릿속에 '진짜 인천'으로 자리 잡은 곳이 바로 이곳일 수 있다. 개항 이전에는 존재가 미미했으나 개항과 함께 성장하고 그 이후에 알려졌기 때문이다. 인천과 성장을 같이 한 지역이기도 하고, 인천으로 널리 알려진 지역이기도 하다. 서울에서 전철을 타고 종점에서 내리면 닿게 되는 이곳이 진짜 인천일 수 있다.

　　그러나 급격하게 팽창한 지역, 사람들의 나고 듦이 많을 수밖에 없는 이 지역에서 토박이를 찾는 것은 쉬운 일이 아니다. 방언조사의 대상이 될 수 있는 토박이는 3대 이상 한 곳에 거주해야 조건에 맞는데 요즘 이 지역은 오래도록 뿌리를 내리며 살 수 있는 곳은 아니다. 더욱이 상가가 밀집해 있는 지역은 토박이들이 살 만한 곳이 못 된다. 토박이들이 살았다 하더라도 진즉에 집과 땅을 팔고 다른 곳으로 이사를 간 상황이다. 주변을 수소문하고 관공서를 수소문해도 마찬가지다. 시골의 면사무소에 가면 어느 집 누가 몇 대에 걸쳐 살고 있는지 훤히 꿰고 있는데 대도시는 그런 정보를 기대할 수 없다. 서울처럼 토박이들의 모임이 따로 있는 것도 아니다. 이래저래

적당한 제보자를 찾는 것이 쉽지 않다.

수소문 끝에 2009년 당시 부평에 살고 계신 김상봉 어르신을 찾은 이유가 여기에 있다. 인천의 구도심에서 가능한 멀지 않은 지역에서 대대로 뿌리를 내리고 산 토박이를 찾아야 하는데 그런 제보자를 수소문할 때마다 늘 첫 자리에 이름을 올리던 분이다. 지금의 남구청 민원실 자리인 숭의동 209번지, 경주 김씨가 500여 년 전 자리를 잡은 뒤 대대로 집성촌을 이루어왔던 여우실[如意室]의 산 증인이다. 출생지 여우실은 논밭과 배 과수원이 있는 전형적인 농촌이었다.

| 숭의동 제보자 김상봉

이름: 김상봉(남)
출생: 1931년
출생지: 인천시 남구 숭의동(여우실)
조사 당시 거주지: 인천시 부평구

숭의동의 제보자는 1931년 숭의동 여우실에서 태어나 이곳에서 성장하였다. 1450년경 여우실에 터를 잡은 경주 김씨 종가의 막내로 태어났다. 인천중학교를 마치고 동국대학교에서 문학과 정치학을 공부하였다. 졸업 후에는 언론계에 투신하여 인천 지역의 언론인으로 활동했다. 인천의 여러 신문에 칼럼과 평론을 쓰기도 하고 논설위원으로도 활동을 하였다. 언론인으로 활동하면서 인천의 향토사 연구에 힘을 쏟았다. 58년에 결혼한 후에는 금곡동, 송현동, 항동 등지에서 살다가 2004년에 부평으로 이주하였다.

오랜 기자 생활과 향토사학자로서의 활동이 마음에 걸린다. 학력이 높을수록, 사회활동을 많이 했을수록 표준어에 '오염'되어 있을 가능성이 크기 때문이다. 일상생활에서는 어릴 때부터 쓰던 말을 쓸지 몰라도 공식적인 자리에서는 바로 표준어로 전환되기 일쑤다. 이런 위험성을 알면서도 한편으로는 기대가 크다. 인천의 역사에 대한 생생한 증언을 들을 수 있으리란 희망이 있기 때문이다.

우리가 그니까 여기서 지끔 내가 십육 대째 그럭허고 인저 지끔 우리 아들 손주 때까지 허면 인제 십팔 대가 인제 인천에서 사는데 그니까 인저 나름대로는 인제 정말 토박이 중에 토박이죠. 인저, 그 옛날 이름으로 여우실, 지금 남구청 민원실 자리가 우리 집 자리입니다. 여우실 경주 김씨 종가 터에서 태어났습니다. 여우실에서 태어났습니다. 요게 인제 옛날에 우리가 살 우리 집 자리입니다. 이게 지금 저 남구청 그 민원실 쪽 짜리에요. 그럭허구 여기가 이게 인제 그 우리 그 집 자리에 지금 그 남구청 민원실 앞에 남구청허구 인제 학산문화원에서 이 표지석을 세웠어요. 여우실 경주 김씨 종가 터. 요기에 있는 대로 그대로 저도 인제 숭의동 이백구 번지에서 났습니다.

제대로 찾아왔다는 생각이 든다. 16대째 한 곳에 살고 있는 토박이를 만나기는 쉽지 않은 일이다. 그러나 어르신의 말대로 '토박이 중의 토박이'를 만난 것이다. 김상봉 어르신의 이야기에서 '여우실'은 늘 첫머리에 등장한다. 전화로 약속을 잡을 때부터 여우실 이야기로 시작하겠다며 이미 예고된 것이기도 하다. 이름이 특이하다. '여우'도 그렇고 '실'도 그렇다. 인천, 혹은 인천말과 관련이 없을 수는 있지만 인천 땅의 역사와는 밀접한 관련이 있다. 정말로 여우가 살았다면 이 땅의 옛 모습을 가늠해 볼 수 있다. 지명에 '실'이 쓰인다면 이 지역에서 쓰이던 옛말을 추측해 볼 수도 있다.

흔히 '여우실'이라 부르지만 한자로는 '여의실(如意室)'이라 쓴다. 그러나 지명에 쓰인 한자 표기 그대로를 믿으면 안 된다. '실'을 '室(집 실)'로 썼지만 지명에 나타나는 '실'은 고유어인 경우가 많다. 우리의 옛 지명에서 '실'은 한자로 '谷(골 곡)'으로 바꾸어 적는다. 따라서 '여우실'은 '여우가 많은 계곡'에서 이름의 연원을 찾을 수 있을 것이다. 그런데 이 지역이 과연 여우가 많은 계곡이었을지 의심스럽기도 하다. '실'이 들어간 지명은 주로 남쪽 지역에서 쓴다. 고구려계인 비류가 내려와 인천에 터를 잡았다 하지만 '여우실'이란 마을 이름으로만 보면 적어도 이 땅은 고구려 말의 영향권은 아니다.

'如意室'은 '뜻대로 되는 집'이라는 뜻이긴 하지만 집을 가리키는 말이 마을 전체의 이름이 되기는 쉽지 않아 보인다. 이곳에 자리 잡은 경주 김씨의 선조 누군가가 지은 이름이라면 그에 대한 기록이 남아 있을 텐데 그런 기록도 보이지 않는다. 아무래도 '여우실'을 한자로 음차한 것으로 보인다. 기록이 없으니 확신하기가 쉽지 않다. 아주 오래전에는 여우가 살았을지도 모른다. 그리고 이곳이 계곡이었을지도 모른다. 지금으로서는 그렇게 추측할 수밖에 없다.

그런데 만나자마자 귀로 들어오는 말이 지극히 익숙하면서도 낯설다. 익숙하면서도 낯설다 함은 어디서나 흔히 들을 수 있는, 어디 말투인지 분별하기 어려운 말이라는 뜻이다. 정규 교육의 혜택을 아주 높은 수준으로 받고 공적 활동을 많이 하는 이들의 말투이다. 낯설다 함은 계속 들어왔던 인천말이 아니라는 뜻이다. 발음, 단어, 억양 모두 인천 사람들에게서 발견되던 미묘한 특성들이 잡히지 않는다. 대학 졸업 후 신문사 기자로 시작해 논설위원으로 정년을 맞이했고, 이 지역의 향토사 연구자로 오랫동안 활동해온 이력으로 비추어 보면 당연한 것이기도 하다.

그렇게 해가지고 인저 그 자격이 인저 그때까지 그 품었던 그 생각두 한글을 배우면서 전부 변해버리는 거예요. 그 정도로 그 한글을 배우면서 거기에 그냥 아주 몰입이 된 거야. 그냥 아주 아주 머 몸 정신 몸 헐 거 없이 이렇게 빠져들어 가니까. 그럭허니까 아주 우리가 얘기허문 내 표현대로 얘기해두면 인자 감격 속에서 한글을 배운 세대예요. 그럭허니까 완전히 표준어에 생활을 모범적으로 헌 세댑니다. 아마 지끔 자라나는 세대보덤도 내가 볼 적에는 내가 거 언론계에 평생 그 논설을 썼기 때문에 사회변화 상황도 늘 지끔도 인저 눈여겨보면서 사는 사람인데. 그렇게도 지끔 젊은 세대보덤두 우리 세대가 그 증말 그 아주 한글에 빠져서 그 표준어만 아주 모범적으로 사용했던 세대라고 난 자부해요.

어르신의 이야기 속에서 그 답이 자연스럽게 나온다. 1931년생, 일제가 전쟁을 시작한 이후 마지막 발악을 하던 시기에 소학교와 중학교를 다니셨다. 일본어가 '국어'이고 우리말은 '조선어'이던 시절이기도 하다. 그러다가 맞이한 해방, 조선어가 아닌 국어가 우리말이 되고 그토록 쓰고 싶었던 한글로 우리말을 다시 공부하기 시작했다. 한글로 표기된 우리말을 한 글자 한 글자 눌러서 읽다 보니 말이 글자 그대로를 따라가게 된다. 대학에 입학하여 한때 문학도를 꿈꾸기도 하다가 들어선 기자로서의 삶은 더더욱 말이 글자를 따라갈 수밖에 없는 상황이 된다. 삶의 과정 자체가 나고 자라면서 쓴 인천말의 색채를 조금씩 누그러뜨리는 과정이었다.

그럼에도 불구하고 완전한 표준어는 아니다. 인천 토박이들의 말을 조사하면서 일관되게 듣게 되는 '인저'는 끊임없이 나온다. '지금'이 '지끔'으로 쓰이는 것, '하다'가 '허다'로 나오는 것은 인천의 다른 분들과 다를 바가 없다. '도'도 '두'로 나타나는 것은 다른 분들과 같은데 '보다'도 '보덤'으로 나타나는 것은 다른 분들에게서는 확인되지 않은 바다. 전체적인 느낌이 표준어일 뿐 실상을 파고 들어가면 표준어가 아닌 표준어와 비슷한 말일 뿐이다. 그럼에도 불구하고 표준어 같다고 느껴지는 것은 인천을 비롯한 경기도 지역의 사람들, 나아가 충청도 사람들의 말이 가지고 있는 기본적인 특성이기도 하다.

억양이 확연하게 차이가 나는 것도 아니고, 어미도 도드라진 것이 없다. 표준어와 다른 어휘가 쓰이고 발음이 조금 다른 것이 나타나지만 이것을 인천말의 고유한 특징이라고 하기도 어렵다.

이러한 사실은 인천말에 대해 다른 시각으로 접근할 필요성이 있음을 시사하는 것이기도 하다. 표준어와 다른 무엇, 다른 지역과 확연히 구별되는 인천만의 고유한 말을 찾으려 한다면 인천말에 대한 조사와 연구는 실패할 수밖에 없다. 특정 지역의 말은 인근 지역과 공통점이 있을 수밖에 없고, 그 공통성들을 바탕으로 한 더 큰 방언권에 소속된 말일 수밖에 없다. 인천말이 속해 있는 중부방언의 공통적인 속성, 그리고 중부방언의 하위방언인 서울말에 기반을 둔 표준어의 태생 등을 고려해 보면 인천말이 표준어로 들리는 것은 당연하다. 이렇게 표준어로 들리는, 혹은 서울말처럼 오해되는 것이 오히려 인천말의 고유한 속성일 수 있다. 어르신은 바로 이러한 인천말의 특성을 있는 그대로 보여주고 있는 것이다.

우리 그 큰고모님이 영등포에 사셨어요. 우리 큰고모님이 그 옛날에 그 동양 그 맥주 그 뒤에 사셨는데 아들만 팔형제를 나셨어요, 아들만. 인저 거기 고모님 계 계시니깐 고모님 뵈러 가죠? 그럼 거기서 얘기허먼은, 그 우리 말허자면 내 내가 종 좀 우리 그 형님들이 "야야, 너 그거 증말 여우실 사투리다." 그래. 얘기를 허먼은. 그 때 인저 그 양반들이 인저 말허자면 서울서 사는 분들이니까, 그런 얘기를 인저 듣고 그랬더래는데, 지난번에도 내가 전화를 받고 그래 그 생각을 헌거야. '그때 내가 무슨 말을 했을 적에 우리 형님들

이 너 그 여우실 사투리라고 그래.' 영 생각이 안 나는 거야, 영 생
각이 안 나. 그러니까는 저 그렇게 그런 기억을 더듬어 보면은, 나
름대로 그 그니까 인저 그 여우실 쪽에 토박이말이 있었던 거에요.

어르신의 이야기 속에 나오는 영등포에 살던 사촌들의 증언은 많
은 것들을 말해준다. 오늘날의 영등포는 서울에 속해 있지만 엄밀한
의미에서 서울이 아니다. '진짜 서울'은 사대문 안이고, 서울 토박이
는 사대문 안의 사람들만을 뜻하기 때문이다. 따라서 영등포의 말은
서울말과 닮아 있되 서울말은 아니고 지역적으로 보면 상당 부분 인
천말과 같은 요소도 많을 수밖에 없다. 그런데 그런 영등포 사람들
이 여우실 말을 자신들의 말과 다른 말로 듣고 이렇게 진술하는 것
이다. 여우실 사람들은 모르지만 여우실 밖의 사람들은 여우실 말의
차이를 정확하게 인지하고 있었던 것이다.

이는 결국 인천말의 특징을 찾아내고자 한다면 귀를 쫑긋 세워야
한다는 말이기도 하다. 과거에는 지역마다 말이 확연히 구별되었다.
그러나 오늘날은 말이 뒤섞이고 교육과 방송 때문에 각 지역의 말이
가지고 있던 고유한 속성이 사라져 가고 있다. 태어나서 성장하기까
지 인천말을 썼던 어르신이 여우실말의 중요한 특성을 잡아내지 못
하는 것도 마찬가지다. 어렸을 적 배워 썼던 말은 틀림없이 인천말,
아니 여우실 말이었을 것이다. 그런데 대학까지 학교를 거치고 기자
생활을 하면서 접하고 익히게 된 표준말과 다른 지역의 말이 스며들
기 시작한다. 1996년 여우실의 종가와 사당이 헐리고 그 자리에 남
구청 민원실이 들어서듯 어릴 때의 말들이 흔적을 잃어가기 시작한

다. 홀로 남은 표지석 하나만이 그 자리의 연원을 알려주듯 아스라한 기억 몇 조각만이 옛 인천말의 흔적을 보여준다. 그것도 다른 말과 뒤섞인 채로.

세창양행이라고 그 유명헌 세창 사무실이 거기에 있었습니다. 그 세창 뒤쪽으로 배가 와서 닿았다고 그랬던 거에요. 그니까 세창양행 허게 되면은 인저 그 독일 계통 사람들이 팔십사년에 들어왔죠, 인천에. 그렇게 해가지고 인저 그 사람들이 여기서 굉장히 인저 그 성업을 해요. 그렇게 해가지고 인저 돈을 많이 벌어서, 우리 대한제국 황실이 세창양행한테 사채를 썼으니까. 그렇게 해가지고 원리금을 인천 해관에서 받아 갔어요, 그 사람들이. 그 정도로 인저 그렇게 인제 그 그 외국 그 상업 자본들이 인저 커졌는데, 중국 사람들의 그 당시에 청관의 그 그 말하자면 말하자면, 청관이 청관이 거래하는 그 무역량은, 내가 지금 구체적으로 수 숫자는 내가 인제 제시해드릴 수가 없는데 자신이 없는데, 그니까 그 사람들의 내가 아까 전제로 말씀드리는 그 사람들은 그 상업의 천잽니다.

향토사학가답게 인천의 역사에 대한 이야기가 이어진다. 개항과 더불어 인천 땅에 자리를 잡은 세창양행을 비롯한 외국의 여러 회사들, 그리고 항구 주변에 들어선 요릿집들에 대한 이야기가 펼쳐진다. 그렇게 커지기 시작한 거리가 세월이 흐르면서 많은 변화를 거쳤다. 그곳에 살던 사람도 수없이 바뀌었다. 그 세월에 대한 증언을 산 증인으로부터 들으니 감회가 새롭다. 더 많은 이야기를 듣고 싶고 더 많은 이야기를 남기고 싶지만 시간은 무심하게 흐른다. 그리고 그 시간 속에서 떠날 분들은 떠나고 만다. 그 옛날 들었던 이야기를 새기며, 녹음을 통해 그 말을 다시 확인해 볼 수밖에 없다는 것이 안타깝고 또 슬프다.

조사를 마치고 나서도 계속 찜찜함이 남는다. 제보자를 제대로 구한 것인가, 조사를 제대로 한 것인가에 대한 회의가 밀려들기도 한다. 인천의 구도심 지역을 더 샅샅이 뒤지고 더 폭넓게 수소문을 해서 제보자를 다시 찾아야 하는 것은 아닌가 하는 생각이 들기도 한다. 그런데 이런 생각은 비단 숭의동 제보자를 조사하고 나서 드는 것만은 아니다. 어느 지역에 가든, 누구를 만나든 드는 생각이기도 하다. 방언조사가 '현재'에 대한 조사인가 '과거'에 대한 조사인가가 문제가 되는 순간이다. 가능하면 나이 드신 분들, 가능하면 변화를 적게 겪었을 만한 분들을 찾는 것이 방언조사다. 이렇게 조사하는 것은 결국 '과거'를 찾아 나가는 것이기도 하다. 숭의동 제보자는 '과거'의 말을 들려줄 조건을 갖추었지만 실제로는 '현재'의 말을 들려줬다는 점에서 회의가 남는 것이다.

사실 변할 수밖에 없는, 다른 지역의 언어에 영향을 받을 수밖에 없는 조건이 90이라면 본래의 말을 지킬 수 있는 조건이 겨우 10인 것이 인천이자 인천말이다. 특히 거대도시의 심장부였던 지역이기에 더더욱 그렇다. 방언학자들이 늘 찾아다니는 '과거의 순수한 말'이 오히려 오늘날의 말을 왜곡시킬 수도 있는 조건이다. 이런 상황에서는 오히려 있는 그대로의 말을 받아들이는 것이 인천말의 실체에 접근하는 방법이기도 하다. 누군가는 고유한 인천말, 특히 도심의 인천말을 지키고 있을지 모르지만 그곳에서 쓰이고 있는 말이 어르신의 말과 같은 말이라면 그 말이 더 이 지역의 인천말일 수 있기 때문이다. 인천 도심의 토박이를 찾아가는 길에서 터덜터덜 돌아오며 '오래된 방언학'을 곱씹어 보게 된다. 그 방법이 옳은 것인지, 변함없이 그대로 따라야 하는 것인지.

5. 원인천 말의 특징

'가까운 인천'이자 '진짜 인천'인 원인천 말의 특징을 한마디로 뭉뚱그리기는 쉽지 않다. 거대도시의 말을 대상으로 한 조사와 연구에서는 어쩔 수 없는 일이기도 하다. 거대도시가 건설되는 과정에 외지에서 많은 인구가 유입되고 본래 그 땅에 살던 토박이들은 오랫동안 살아오던 삶의 터전을 떠나게 된다. 외지인과의 접촉이 많은 직장에서 일을 하게 되고 대도시인 만큼 문명의 혜택도 많이 보게 된다. 이런 상황에서 본래 가지고 있던 말의 특성은 잊히거나 퇴색된다. 여기에 표준어와 표준어의 근간이 된 서울말이 유입된다. 이러한 요인들이 복합적으로 어우러져 인천말의 고유한 특색이 희석된다.

여기에 원인천 본래의 지리적 특성이 더해진다. 서울과 인접해 있다는 것은 원인천 말의 고유한 특성이 성립되는 것을 방해한다. 서울이 정치, 경제, 문화의 중심이고 서울말이 표준말의 근간이 된 터여서 서울 인근의 사람들은 서울말을 닮아가려고 노력한다. 일종의 구심력이 작용해 주변 지역 사람들 스스로 서울말을 따르려는 적극적인 노력이 나타나게 된다. 이런 이유로 본래도 서울말과 다르지 않고 표준말과 다르지 않은 인천말은 더더욱 서울말을 닮아 간다.

원인천이 속한 방언권 역시 원인천 말의 고유한 특성이 성립되는 데 방해가 된다. 원인천 지역은 서울과 마찬가지로 경기도에 둘러싸여 있고 더 크게는 중부방언권의 일부이다. 한국어 전체를 놓고 보았을 때 중부방언권은 상당히 많은 언어적 공통성을 확보하고 있다. 경기도, 충청도, 강원도, 황해도 등이 중부방언권을 형성하고 있으나 각 방언 간의 차이보다는 공통성이 훨씬 더 많이 부각될 수 있는 방언권이 중부방언권이다. 특히 인천이 속한 서부지역은 커다란 자연 장애물이 없이 탁 트인 지형이다. 외부와의 교통이 자유롭고 교류도 자유롭다. 이러한 이유로 본래 도드라진 차이가 없는 인천말의 특성이 더 무뎌질 수 있다. 따라서 원인천 말의 특징은 이러한 모든 상황을 고려해 밝혀야 한다.

이러한 이유로 인천말에 대한 인상, 감각 등에 의지해서는 인천말의 특징이 잘 드러나지 않을 수 있다. 이럴 때는 다소 전문적이지만 방언학, 혹은 언어학에서 다루는 세세한 정보가 도움이 된다. 미세한 차이까지 구별해야 하는 것이기는 하지만 자음과 모음의 숫자와 체계를 따져보는 것도 방법이다. 나아가 어휘상의 특징은 물론 독특한 어미를 모아보는 것도 좋다. 이러한 언어학적 정보와 인천말에서 받는 인상들이 종합되면 인천말의 특징이 종합될 수 있다.

원인천 토박이말의 자음체계는 서울말을 비롯한 중부방언과 같아서 자음은 19개(ㅂ, ㅃ, ㅍ, ㄷ, ㄸ, ㅌ, ㄱ, ㄲ, ㅋ, ㅅ, ㅆ, ㅎ, ㅈ, ㅉ, ㅊ, ㅁ,

ㄴ, ㅇ, ㄹ)가 확인된다. 원인천 지역의 세 제보자 간에도 차이가 나타나지 않는다. 사실 자음은 전국적으로 큰 차이가 나지 않는 것이기도 하다. 'ㅆ'을 발음하지 못하는 경상도 일부 지역과 'ㅈ, ㅊ, ㅉ'을 조금 다르게 발음하는 평안도 지역을 제외하면 전국적으로 자음의 숫자와 체계는 대동소이하다. 따라서 자음보다는 모음의 숫자와 체계가 각각의 방언을 구분하는 좋은 지표가 될 수 있다. 원인천 토박이말의 모음체계도 일반적인 중부방언과 유사성이 있다. 그러나 상세하게 살펴보면 모음체계는 다른 지역과 약간의 차이를 보일 뿐만 아니라 제보자에 따라서도 차이가 나타난다. 원인천 지역의 모음체계는 다음과 같다.

■ 원인천 말의 모음체계

이 i(이: iː)	으 ɨ(으: ɨː)	우 u(우: uː)
에 e(에: eː)	어 ə(어: əː)	오 o(오: oː)
애 ɛ(애: ɛː)	아 a(아: aː)	

문학동과 월미도의 제보자는 위에 제시된 모음 8개를 모두 가지고 있으나 약간의 차이가 있다. 문학동의 제보자는 발음상으로나 청음상으로 '에'와 '애'를 완벽하게 구별하고 있다. 월미도의 제보자도 '에'와 '애'를 구별하고 있으나 발음상으로 문학동의 제보자보다는 덜 명확하다. 그런데 숭의동의 제보자는 '에'와 '애'의 구별이 없다. 발음을 할 때도 구별이 안 될 뿐만 아니라 귀로 들어서도 구별하지 못한다. 따라서 숭의동의 제보자는 7모음 체계를 가지고 있는 것으

로 보아야 한다. 문학동의 제보자와 월미도의 제보자가 미세하지만 약간의 차이를 보이는 것은 연령상이 차이로 설명할 수 있다. 다른 방언에서도 연령이 높은 세대일수록 '에'와 '애'의 변별이 잘 되나 그 밑의 세대로 내려갈수록 구별이 되지 않는다. 인천 토박이말의 경우에도 같은 경향이 나타나고 있어 문학동의 제보자와 월미도의 제보자 사이에서 이러한 점이 반영된 것으로 보인다.

그러나 숭의동 제보자와 월미도 제보자의 차이는 연령으로 설명되지 않는다. 숭의동의 제보자는 시내의 학교로 오랫동안 통학을 했고, 결혼 이후에는 숭의동을 떠나 도심에서 오래 거주했다. 이 과정에서 도심의 언어와 많은 교류를 하게 되었고, 그 결과 '에'와 '애'의 대립이 소실된 화자와 잦은 접촉을 했을 것으로 보인다. 일반적으로 도시에는 여러 지역 출신들의 화자가 섞이게 되고 그 과정에서 지역의 고유한 색채가 희석되는 일이 많음을 감안하면 도심 지역에서 '에'와 '애'의 합류가 일찍 일어나게 되었고, 숭의동의 제보자는 이러한 영향을 받은 것으로 보인다. 서울에서 대학생활을 마치고 인천에서 언론인 생활을 오래 한 경력도 숭의동 제보자의 모음체계에 변화를 주었을 것으로 보인다.

인천 토박이말 화자의 음운현상을 살펴보면 매우 다양한 음운현상이 광범위하게 나타나 마치 인천말이 음운현상의 집합소인 듯한 느낌을 준다. 국어에서 나타나는 대부분의 음운현상이 세 제보자에게서 확인되고 있다. 국어의 음운론적 제약에 의해 필수적으로 나타나는 음운현상은 전국적으로 차이를 보이지 않는 것이 당연하지만 수의적인 규칙까지 거의 모두 나타난다. 그리고 제보자에 따라서,

나아가 한 제보자라도 상황에 따라서 음운규칙을 임의로 적용하는 데 이는 다양한 요소가 혼재되어 있는 지역의 말에서 흔히 나타나는 현상이기도 하다.

이러한 현상은 두 가지 이유로 해석할 수 있다. 하나는 인천의 도시적 특성으로 인해 다른 방언과 접촉이 많아 다양한 음운규칙을 수용한 경우이다. 이럴 경우에는 필수적이지는 않더라도 때에 따라 여러 음운규칙을 적용할 수 있는 것이다. 다른 하나는 음운규칙을 수용한 것이라기보다는 음운규칙이 적용된 어형만을 수용한 것이다. 이 경우에는 규칙이 모든 제보자에게 엄격하게 지켜져야 할 이유도 없고, 같은 화자라도 상황에 따라 얼마든지 임의적으로 적용할 수 있게 되는 것이다.

어휘를 보았을 때도 음운론적으로나 의미론적으로 매우 다양한 어휘가 나타난다. 동질적이고 고립된 지역이라면 어휘의 일정한 경향성이나 빈칸이 많이 나올 수 있는데 인천 토박이말에서는 이러한 경향이 별로 발견되지 않는다. 그리하여 조사 대상이 된 대부분의 어휘 항목에 대해 확인할 수 있었다.

어휘에서 나타나는 이러한 현상 역시 도시적인 특성에서 기인하는 것으로 보인다. 도시 생활의 특성상 직접 경험은 많지 않지만 다양한 사회활동과 다양한 사람과의 접촉을 통해 간접 경험을 많이 할 수 있다. 또한 교통, 통신 등이 상대적으로 발달해 있어 다른 방언을 접할 기회도 많고 교육 수준도 높을 수 있다. 그 결과 도시 화자들의 어휘량이 증가할 수 있게 되는 것이다. 이번 조사의 제보자가 전반적으로 교육 수준도 높고 사회활동 경험도 많기 때문일 수도 있지만 이 역시 도시의 특성이기도 하다.

문법 부문에서는 표준어와 대동소이하다. 표준어는 서울말을 기준으로 만들어졌는데 인천과 서울은 지리적으로 가깝고 문화적으로도 공통성이 많다. 따라서 표준어가 기반을 두고 있는 서울말과 인천말이 큰 차이가 없기 때문에 문법 면에서 큰 차이가 발견되지 않을 수밖에 없다. 또한 제보자의 교육 수준과 사회 수준이 높은 것도 원인일 수가 있다. 교육수준이 높을수록 표준어를 접하게 될 기회가 많아지고 자연스럽게 표준어의 문법 요소를 자신의 발화에도 그대로 사용하게 되기 때문이다.

원인천 말의 첫 번째 특징으로는 원인천 말이 중부방언 중 경기방언의 하위방언으로서 서울말과 매우 닮아 있다는 부정할 수 없는 사실을 먼저 꼽을 수 있다. 보통 방언에 대해 말할 때 '차이'를 부각하려 노력하나 그 차이조차도 공통성에 바탕을 두고 있다는 점을 명심해야 한다. 인천의 지리적 위치와 역사를 고려할 때 원인천 지역의 말이 주변의 말과 확연히 차이가 날 요인을 찾기 어렵다. 상황이 이렇다면 원인천의 말은 보다 큰 대방언권 및 중방언권의 말과 그 특징을 공유하게 된다. 원인천의 말이 서울말과 닮아 있는 것은 원인천 사람들이 서울말에 대한 구심력을 보인 것이 일부 원인이기도 하지만 본래 아주 많은 공통점을 가지고 있었기 때문이기도 하다.

원인천 말의 두 번째 특징으로 공존과 융합을 꼽을 수 있다. 원인천 지역에 커다란 항구가 열리기 전에도 이 지역은 뱃길로 다른 지역과 소통이 가능했다. 이런 이유로 전라도와 충청도 지역의 말이 서해의 뱃길을 타고 원인천 지역으로 전해질 수 있었다. 마찬가지 이유로 평안도와 황해도의 언어적 특성이 이 지역에 유입될 수 있었다. 원인천 지역의 세 제보자의 말 모두에서 발견되는 타 방언의 요소들이 이를 뒷받침한다. 이렇게 유입된 다른 지역의 말이 원인천의 본래 말과 공존하기도 하고 융합하기도 하는 것이다. 고립된 지역이 아니라면 그 지역의 말은 인접한 지역의 말과 공존하고 융합하지만 원인천 지역은 뱃길로도 통할 수 있는 더 열린 지역이기 때문에 공존과 융합의 양상이 더 광범위하게 나타날 수 있다.

원인천 말의 세 번째 특징은 지역방언적 요인보다는 사회방언적 요인이 더 강하게 나타난다는 것을 꼽을 수 있다. 원인천 지역의 말을 조사하기 위해 세 지점을 선정하여 조사를 진행했으나 세 지역 간의 두드러진 차이를 발견하기 어렵다. 거리상으로 그리 멀지 않아 예상된 바이기도 하지만 애초에 절대적인 거리보다는 사회방언학적 변인을 염두에 두고 조사 지역을 선정했다는 것에서 이유를 찾을 수 있다. 어느 지역에 살고 있느냐보다는 어떤 일을 하고 있느냐에 따라 언어적 차이가 나타난다. 전업 농부는 아니지만 농사도 병행하면서 자신이 살던 지역의 동장을 맡은 문학동의 제보자는 상대적으로 타방언의 공존과 융합이 덜 나타났다. 그러나 여러 직업을 두루 경험하고 해외 체류 경험까지 있는 월미도 제보자나 기자와 향토사학자로서 활동한 숭의동 제보자는 타방언의 공존과 융합이 매우 강하게 나타날 수밖에 없다.

이상의 세 가지 특징을 종합하면 원인천 말은 '특색이 없는 것이 특색'이라거나 '희미한 정체성이 정체성'이라는 역설로 정의되는 듯하다. 인천말의 특징을 꼽아보라고 하면 누구나 수긍할 만한 특징을 제시하기 어렵다. 인천말의 정체성을 분명하게 설명해 보라고 해도 구체적인 표현으로 설명하기는 힘들다. 그러나 이러한 정의는 어디까지나 서울말 혹은 표준어와 대비했을 때 내려지는 것이다. 서울말이나 표준어와 별반 차이가 없다고 해서 원인천 말의 특징이 없는 것이 아니라 그것 자체가 결국 원인천 말임을 재차 확인해야 한다. 중부방언권에 위치한 거대도시의 말이니 당연한 것이기도 하다. 이러한 특징은 서울말에도 마찬가지로 적용될 수 있다.

토박이의 서울말을 들으면 서울 토박이임을 직감할 수 있는 요소가 있듯이 인천 토박이의 말에서도 인천 토박이 고유의 특성이 있다. 그런데 이 요소는 단어나 어미 등 글로 옮길 수 있는 요소가 아니라 억양과 말투이다. 억양을 글로 아무리 설명해도 전달이 되지 않고, 말투는 더더욱 그렇다. 원인천 말에서 느껴지는 다소 장난스러운 억양, 나이가 든 어른들의 말에서도 느껴지는 아이들과 같은 말투가 있는데 그것이 글로는 잘 옮겨지지 않는다. 인천 토박이들조차 잘 모르고 있다가 말을 해주면 비로소 고개를 끄덕이는 원인천 말 고유의 특징이 있다. 그러나 이마저도 젊은 인천 토박이들에게선 잘 감지되지 않는다. 시간이 좀 더 흐르면 이마저도 사라질 것이다. 그러나 원인천 말 고유의 속성이 사라지고 난 뒤에도 원인천 말은 유지가 된다. 특색이 없는 특색 혹은 희미한 정체성이 원인천 말의 특징이라 할지라도 그 말은 원인천 말임이 틀림없다.

3부
강화도의 말

1. 세 가지 색 강화도

　　강화는 인천인가? 이 물음에 대한 대답은 꽤나 망설여진다. 행정구역상으로는 강화가 인천광역시에 속해 있다는 것은 이미 알고 하는 질문일 테니 훨씬 더 많은 고민을 해야 한다. 오늘날에는 강화가 인천의 일부로 편입되어 있지만 역사적으로는 강화가 인천보다 더 잘 알려져 있다. 우리나라에서 네 번째로 큰 섬이니 크기 면에서도 주목해야 하지만 한 나라의 수도가 될 만큼 역사적으로도 중요한 위치를 차지하고 있다. 경기도의 김포, 개풍과 인접해 있는 강화 본도를 비롯해 황해도 연안군을 마주하고 있는 교동도, 그리고 그 안자락의 석모도까지 꽤나 넓은 영역이 인천에 속해 있지만 엄밀히 말하면 인천은 아니다.

　말은 또 어떤가? 인천의 본바닥과 거리도 꽤 있고, 섬이라는 특성도 가지고 있다. 게다가 경기도와 황해도의 다른 지역과 인접해 있으니 주고받은 언어의 영향도 인천과는 다를 수밖에 없다. 사정이 이러니 차이를 이야기하자면 끝이 없다. 그러나 크게는 중부방언권, 좁게는 경기 서해안에 자리 잡고 있다는 공통성도 얼마든지 들 수 있다. 언어도 세밀하게 따지면 큰 차이가 있지만 두루 살펴보면 큰 차이도 아니다. 결국 강화의 말은 강화 고유의 지리적 역사적 배경 하에 보다 세밀하게 들여다봐야 한다.

인천은 북쪽으로 김포시와 접해 있다. 인천의 북부 경계를 넘어 김포 땅에 접어든 뒤 서쪽으로 가다 보면 좁은 바다를 만나게 되는데 그 건너가 바로 강화도이다. 김포 땅과 강화도는 아주 오래전 연결된 땅이었는데 침식에 의하여 그사이에 바닷길이 생겨 강화도가 섬이 된 것이다. 이렇듯 지리적, 지질적 요인을 고려해 보면 강화가 인천에 속해 있는 것은 매우 특이해 보인다. 행정구역상 한 단위로 묶이는 지역은 대개 연속된 땅 위에 존재하게 되는데 인천과 강화 사이에는 김포가 가로놓여 있다. 강화가 섬으로 구성되어 있으니 인천과 뱃길로 연결되어 있다고 볼 수도 있으나 인천과 강화는 배로 오가지는 않는다. 결국 인천은 인천이되 왜 인천인지 모르는 땅이 바로 강화인 것이다.

인천말을 논하면서 '가깝고도 먼'이란 수식을 붙였는데 강화는 거리를 나타내는 수식을 붙이기가 곤란하다. '가까운 인천'은 원인천 지역을 가리키는 말로 쓰는 것이 타당해 보인다. 이의 대척점에 있는 표현인 '먼 인천'은 충청도의 북쪽부터 황해도까지 널리 퍼져 있는 인천 서쪽 바다의 섬들에게 양보해야 할 듯하다. 이렇게 거리를 나타내는 수식어를 다른 곳에 쓰고 나면 강화는 적당한 수식어를 찾기가 어렵다. 그런데 가깝고도 먼 인천말을 논하면서 수식을 붙이기 애매한 상황이 강화말을 정의하는 데 오히려 도움이 될 수도 있다. 즉 '가깝다'와 '멀다' 어느 쪽도 쓰기 애매한 상황이니 강화는 '애매한 인천'으로 정의될 수 있는 것이다. 강화가 인천의 일부로서 '애매하다'는 것은 거리상의 문제이기도 하고 역사상의 문제이기도 하다. 또한 말 자체의 특성으로 보아서도 그러하다.

　강화도, 교동도, 석모도 등의 주요 섬과 인근의 여러 섬을 아우르는 강화군은 행정구역상으로는 인천광역시에 속해 있지만 지리적으로는 경기도의 일부이다. 그런데 강화군이 경기도의 일부이기는 하나 지리적인 면에서는 상당히 외곽에 치우쳐 있다. 복잡하게 흩어져 있는 옹진군을 제외하면 강화군은 경기도 서북부의 극단에 위치해서 서쪽으로는 바다와 접해 있으며 동쪽으로는 김포시와 가깝고 북쪽으로는 황해도에 인접해 있다. 특히 교동도는 강화군의 북쪽에 위치한 섬으로서 북쪽으로는 황해도 연백군(현 황해남도 연안군, 배천군)과 마주 보고 있다.

　강화가 섬으로 이루어져 있고 경기도의 서북부에 있다는 점에서 독특한 방언적 특징이 나타날 가능성이 매우 높다. 특히 교동은 경기도 최북단에 위치하여 황해도와 인접해 있으므로 황해도 방언의 영향을 입을 가능성이 매우 크다. 강화도는 거리상으로는 김포시와 가까워 오래전부터 김포시와 교류가 많았다. 또한 최근의 행정구역 개편으로 강화군이 인천광역시에 속하게 됨에 따라 강화군과 인천광역시와의 왕래가 빈번해졌다. 그리고 강화는 뱃길을 통해서 서해의 다른 지역과 자유롭게 연결된다. 따라서 서해의 다른 지역과 교류하는 과정에서 언어 면에서도 많은 영향관계가 나타날 수 있다.

　강화는 한강의 관문이라는 특성상 중요한 전략적 요충지이다. 따라서 삼국시대부터 삼국의 접전지였다. 강화는 본래 백제에 속해 있었으나 백제가 고구려에 패하고 난 후에 고구려에 귀속되었다. 고구려 때는 혈구군(穴口郡)이었으며 수지현(首知縣)·동음내현(冬音奈縣)·고목근현(高木根縣)이 있었다. 이후 신라의 경덕왕이 해구(海口)라 고쳤으며, 수지현은 수진(首鎭), 동음내현은 강음현(江陰縣), 고목근현은 교동(喬桐)으로 바뀌었다. 그 후 문성왕이 혈구진(穴口鎭)을 설치하였다. 『신증동국여지승람』에 의하면 고려 초에는 열구현(洌口縣)이라고 부르다가 몽골 침입으로 고종 때에 수도를 옮기면서 강도(江都)라 하였다고 한다. 그러다가 말기인 우왕 때부터 강화라고 칭하였다.

조선 시대에는 수도가 한양으로 정해짐에 따라, 한양으로 들어가는 초입에 위치한 강화도는 국방 면에서 중요한 역할을 했다. 태종 때 강화는 도호부로 승격되었고, 조운의 활성화와 함께 한강의 입구로서 진이 설치되고 김포, 양화, 통진, 교동 등지의 진을 통괄하게 되었다. 강화부사는 경기 병마절도사가 겸임했다. 임진왜란 당시에 강화는 큰 피해를 입지 않았고 정묘호란 때에는 인조가 강화도로 피신하였었다. 이후 남양에 있던 경기수영이 강화로 옮겨졌다. 효종 때에는 북벌 정책을 계획하면서 해안에 월곶진, 제물진, 광성보 등의 진과 보를 설치하였고 성곽을 수리했다. 정조 때에는 외규장각이 강화에 설치되었다.

조선말에 이르러서는 병인박해를 구실로 1866년 프랑스 함대가 강화로 쳐들어온 병인양요가 일어났다. 이로 인해 강화의 외규장각이 약탈당하는 등의 피해를 입었다. 1871년에는 미국 함대가 강화를 공격한 신미양요가 일어났고, 큰 피해를 보았지만 미국 함대를 몰아냈다. 1875년에는 일본 함대가 강화를 공격하여 운요호 사건을 일으

컸으며, 그다음 해에 강화도조약이 체결되었다. 1895년에는 강화군으로, 1986년 다시 강화부로 개칭되었다가 1906년에 다시 강화군으로 환원되었다. 1914년에는 교동군에 속해 있던 삼산면이 강화군에 편입되었다. 1919년에는 교동군 전체가 강화군으로 편입되었다. 1973년에는 강화면이 강화읍으로 승격되었고 1995년에는 강화 전체가 인천광역시로 통합되었다.

이러한 역사적 사실들은 '애매한 인천'의 특성을 여러 면에서 뒷받침해준다. 고려 이후 강화는 수도에 인접해 있을 뿐만 아니라 일정 기간 수도의 기능을 대신했다. 강화가 거리상으로 수도와 멀지 않기 때문에 언어적으로 중앙어와의 유사성이 나타날 수 있다. 더욱이 길지 않은 기간이지만 수도의 기능을 담당했다는 것은 중앙어의 영향이 직접적으로 미쳤을 가능성을 보여준다. 또한 강화 지역이 중요한 유배지였다는 점도 간접적으로나마 이 지역의 말에 영향을 미칠 가능성이 있다. 원인천 지역이 오늘날과 같은 거대도시로 성장하기 이전에는 인천보다 강화가 지역적 정체성이나 언어적 정체성이 더 분명했을 것으로 보이기도 한다.

강화의 제보자는 강화 전체의 지리적, 역사적 특성을 고려해서 선정하였다. 강화는 강화 본도와 주변의 섬으로 구성되어 있다. 강화 본도는 1읍 13면으로 매우 넓은 지역을 차지하고 있다. 주변의 섬 중에서는 교동도가 교동면으로 독립적인 면을 이루고 있고, 석모도를 중심으로 주변의 섬이 삼산면을 이루고 있다. 따라서 강화 전체의 면적을 볼 때 강화에서 세 지역을 선정한다면 강화 본도에서 두 지점을 선정하고 본도 주변의 섬에서 한 지점을 선정하는 것이 합리적

| 강화의 조사 지점

이다. 또한 강화의 산업 기반과 인접 지역과의 교통도 고려할 필요
가 있다. 강화는 섬이기 때문에 어업이 발달할 여건을 갖추고 있으
나 농업에 비해 상대적으로 어업이 발달해 있지 않다. 지형적으로는
큰 조수 간만의 차 때문에 어항이 발달하기가 어렵다. 더욱이 북한
과 맞닿아 있기 때문에 바다로의 입출항이 자유롭지 않은 곳이 많
다. 따라서 강화 전체의 주요 산업인 농업을 주로 하는 지역과 어업
이 발달해 있는 지역을 선정하는 것이 합리적이다. 이러한 점을 고
려하여 강화 전체에서 교동, 화도, 양사 세 지점을 선택하였다.

교동은 고구려 때는 고목근현(高木根縣), 신라 경덕왕 때는 교동현
으로 불리었다. 1895에는 교동읍을 폐하고 강화와 합군하였다가 다

음 해 환원되기도 하였다. 1914년에 강화군에 편입되어 오늘에 이르고 있다. 인천광역시 서해안에 위치해 동남은 양사면, 삼산면, 서도면과 마주하고, 서북으로는 불과 5km 거리의 바다를 사이에 두고 북한과 군사분계선을 이루고 있어 황해도 연백군이 눈앞에 보인다. 섬이지만 비교적 평야가 많으며 해안선은 평탄한 편이고 해저는 수심이 얕고 간만의 차가 심한 편이다. 화도는 조선 숙종 때 강화유수 민진원의 간척사업으로 강화도에 속하게 되었다. 1937년에는 하도면(下道面)을 화도면(華道面)으로 개칭하여 오늘에 이르고 있다. 마니산이 면 중심부에 위치하고 있어 마니산을 중심으로 남북방향으로 마을이 형성되었다. 주로 산으로 이루어져 농경지는 넓지 않으나 어선이 드나들 수 있는 포구가 있어 어업에 종사하는 가구도 많은 편이다. 양사는 조선 태종 이후 서사면과 북사면으로 분리되어 있다가 1914년에 두 면이 합쳐져 양사면이 되었다. 이 지역은 안보의 요충지로 강화 최북단에 위치하여 북한의 개풍군과 인접해 있다. 농경지가 넓은 편이어서 주민들은 벼농사를 주로 한다.

교동은 강화 본도와 떨어져 있는 섬으로서 본도와는 다른 특성이 나타날 가능성이 높다. 위치상으로는 본도의 서북쪽에 있고 전통적으로 황해도 연백과 밀접한 관련이 있다. 또한 역사적으로도 독립적인 현을 이룬 적이 있다. 이러한 이유로 주민들 또한 독립적인 의식을 가지고 있다. 주민 대부분은 농업에 종사하고 있으므로 농업지역으로 분류할 수 있다. 화도는 강화의 최남단에 위치해 있으며 마니산이 중앙에 있다. 경작지가 넓지 않고 큰 간만의 차이에도 배가 드나들 수 있는 포구가 있어 어업에 종사하는 사람들도 꽤 있다. 특히 조사 지점은 포구에 인접해 있어서 주민의 대다수가 어업에 종사하거나 종사한 경험이 있다. 양사는 강화의 최북단에 위치해 있으며 북한과 인접해 있어 면 전체가 민통선지역이다. 배를 띄울 수 있는 어항이 있기는 하지만 민통선 지역이라 오늘날은 배를 띄울 수 없다. 따라서 이 지역에 거주하는 주민 대부분은 농업에 종사하고 있다.

강화 전체로 보았을 때, 선정된 세 지점은 강화도의 서쪽에 치우친 감이 있는데 이는 강화말의 특성을 보다 명확하게 보이기 위한 것이다. 육지에 인접한 지역은 다른 외지인이 많이 들어와 있어 강화의 전통이 많이 희석되었기 때문에 적합한 제보자를 찾기가 어렵다. 이에 비해 교동은 본도와 떨어져 있는 섬이어서 고유한 언어적 특성을 잘 보존하고 있다. 양사 또한 민통선 지역이어서 외지인의 출입이 상대적으로 적어 전통적인 특성을 잘 보존하고 있다. 화도는 교동 및 양사를 화도와 비교하되 어업을 기반으로 하는 지역을 조사하기 위해 선정하였다. 제보자는 이 세 지역에서 각각 두 명씩 선정하였다. 방언 연구를 위한 제보자는 대대로 그 지역에서 거주한 70세 이상이 적합하다. 강화의 전통적인 마을은 집성촌인 경우가 많아서 조건에 맞는 제보자는 많은 편이다. 그러나 인천 및 서울이 가까워 직장생활 등의 이유로 고향을 떠났다 돌아온 경우도 많다. 따라서 여러 가지 조건을 고려해 각 지역을 대표할 수 있는 제보자를 두 분씩 선정하였다.

2. 화도 토박이의 말

　　진짜 강화도? 이런 말이 성립할 수 있는지 모르겠다. 그런데 강화도의 말을 조사하기로 했다면 진짜 강화도를 찾아야 하고 그곳에 사는 사람의 말을 조사해야 한다. 강화도를 대표할 수 있는 곳, 강화도 말을 대표할 수 있는 사람이 사는 곳이 바로 '진짜 강화도'일 것이다. 상식에 기댄다면 진짜 강화도는 의외로 간단할 수 있다. 행정관청이 있는 곳, 즉 강화군청이 있는 곳이 진짜 강화도일 가능성이 높기 때문이다. 강화군청은 강화읍내에 있다. 그런데 강화도 조사 계획을 세우면서 강화읍은 처음부터 배제했다. 강화읍에도 당연히 토박이들이 많겠지만 외지인들이 많이 들어와 있고 외지와의 접촉도 많을 것이란 생각 때문이다.

　　강화도와 뭍을 연결해주는 다리가 놓인 지역도 제외했다. 강화도는 아주 오랜 옛날 김포반도와 이어진 뭍이었다. 그런데 침식과 지반 강하로 인해 좁은 물길이 생겨 오늘날과 같은 섬이 된 것이다. 이 좁은 물길 위로 두 개의 다리가 놓여 강화도는 아무런 제약 없이 뭍과 오갈 수 있게 되었다. 강화대교는 강화읍으로 통하고 초지대교는 길상면으로 통한다. 길상면에는 강화도를 대표하는 관광지인 전등사가 있어 외지인이 많이 들어와 있기도 하다.

　　이런 여러 조건을 감안해 선정한 지역이 화도면이다. 화도면은 강화도의 남서쪽에 위치해 있다. 선수포구를 끼고 있어 배를 부리는 사람도 있고 넓지 않은 땅이지만 논과 밭을 일구어 농사를 짓는 사람들도 많다. 같은 성씨를 가진 사람들이 모여 사는 집성촌을 비롯해 토박이들이 많은 지역이기도 하다. 무엇보다 강화도 남쪽의 동막

해변부터 펼쳐지기 시작하는 펜션촌의 물결이 조사 지점으로 삼은 지역에서는 끊기기도 한다. 토박이들이 운영하는 펜션이 있기도 하지만 아무래도 외지인들이 운영하는 펜션이 더 많다. 선수포구를 끼고 있는 화도면 내리에는 류씨 성을 가진 토박이들이 집성촌을 이루고 있다.

화도에서의 조사는 제보자의 9대조부터 대대로 살아온 류씨 집성촌에서 이루어졌다. 류진학 어르신은 류호근 어르신보다 한 살 적지만 항렬로는 한 항렬 높다. 류진학 어르신은 강원도 인제에서 4년간 군 생활을 했지만 류호근 어르신은 군복무마저도 강화도에서 했기 때문에 화도를 떠나본 적이 없다. 두 분 다 농업을 주업으로 해 왔기 때문에 농사와 관련된 이야기를 주로 들려주셨다. 각각 한글 강습소를 수료하거나 소학교를 졸업하였지만 현지 사정에도 밝고 다양한 지식을 가지고 있어 화도의 생활양상을 잘 파악할 수 있었다.

| 화도면 제보자 류호근(좌) 류진학(우)

이름: 류진학(남)

출생: 1931년

출생지: 강화군 화도면 내리

조사 당시 거주지: 강화군 화도면 내리

이름: 류호근(남)

출생: 1930년

출생지: 강화군 화도면 내리

조사 당시 거주지: 강화군 화도면 내리

늘 그렇듯이 면사무소에 들러 목적을 이야기하고 이장님과 노인
회장님의 연락처를 받는다. 한참 동안의 통화 끝에 불쑥 찾아온 타
지 사람에 대한 경계심이 풀리면 그때서야 직접 찾아뵙고 다시 한번
조사의 목적을 말씀드린다. 그렇게 해서 소개를 받은 화도면 내리의
류호근 어르신, 그런데 외지인에 대한 경계심은 여전하다. 류호근
어르신의 말에서 알 수 있듯이 과거의 화도는 갯벌과 인근의 좁은
논밭에 의지해 살던 곳이었다. 그런데 오늘날에는 과장하자면 토박
이들의 집보다도 많은 펜션들이 들어서 있는 지역이기도 하다. 그러
나 보니 토박이를 찾기도 어렵고 토박이의 말을 접하기도 어렵다.

전부 배 타 먹구 사는 사람들이죠. 마이 배 타 먹구 살아. 이 동네
가 취약한 동네예요. 저 이 화도, 강화 여기 화도라고 여가 화도거
든요. 말하자면, 한 바퀴 돌려 싸고 있는 게 화도예요.. 동막이라는

데 거기가 제일 어려웠던 동네거든요. 여기 펜션들 보만 다 외지 사람들이 오나서 하는 거야. 돈은 그 사람들이 다 벌어가는 거지. 여기 사람들은 읎어요. 저거 외지 사람들이 다 지은거라고요. 그러니깐, 이 지역에 사는 사람은 쬧겨나야 돼야. 왜 쬧겨나야 되냐? 뭐 해먹을 거 있어야지 돈은 저 사람들이 다 벌어가고.

말보다 말의 내용이 먼저 들리면 조사는 실패하기 일쑤다. 내용에 빠져들다 보면 조사해야 할 항목도 제대로 여쭤보지 못할 뿐만 아니라 말씀 속에 담긴 온갖 언어적인 정보를 놓치기 쉽다. 그런데 마주 앉아 얘기를 나누자마자 쏟아져 나오는 얘기 탓에 주도권을 놓쳐 버렸다. 그래도 어김없이 귀로 들어오는 말은 '오나서'이다. 교동에서만 그런 줄 알았는데 강화도도 마찬가지다. '와서'가 아니라 '오나서'인 것이다. '읎어요'는 또 어떤가. '없다'가 '읎다'로 나타나는 것은 경기도 일원은 물론 서울말에서도 흔하게 들린다. 그런데 '읎다'는 좀 더 아래 충청도까지 내려가야 많이 들리는 말이다. '쫓기다'가 '쬧기다'가 되는 것은 더 아래 전라도 지역에서 자주 나타나는 현상이다. 생각보다 남쪽 지역에서 나타나는 말의 특징이 많이 발견된다.

여기는요, 여기 보다시피 뭐 농장이 없잖아. 근데, 산, 산 일러서 밧이나 해 먹구, 고추나 좀 심구구. 그런 거예요. 콩이나 좀 심구. 그래 농사는 저 넘어가서 다 짓죠. 여보시겨, 우리 같은 사람은 논 천 평 좀 넘어 하는데, 거 먹는 거 허는데, 거기다가 모내는 품값 줘

야지. 또 베 비는 값 줘야지. 말린 값 줘야지, 이거 다 주고 나먼여
윤어요.

말머리를 다른 쪽으로 돌리고자 해도 한 번 나오기 시작한 농사
얘기는 끝이 날 줄 모른다. 고단한 농사와 더 힘든 한해살이에 대한
이야기가 진행될수록 어르신의 감정이 고조된다. 이렇게 감정이 고
조될 때는 말이 크고 빨라지기도 하지만 의외의 성과가 나타날 때가
있다. 차분히 감정을 추스르고 이야기할 때는 가능하면 표준말로 격
식을 갖추어서 말을 하게 돼서 일상에서 쓰는 말이 잘 안 드러난다.
그런데 흥분을 하게 되면 평소에 쓰는 말투가 그대로 드러나게 된
다. 어르신의 말씀 중에서 갑자기 튀어나온 '여보시겨'가 그것이다.
농촌의 현실을 제대로 모른 채 나온 답답한 질문에 대해 답을 하려
다 보니 당신도 모르게 나온 말이다.

'여보시겨'는 표준어로 한다면 '여보시오' 또는 '여보세요' 정도의
말이다. 외지인들한테는 다소 당황스럽게 들릴 수 있지만 꽤나 높이
는 말로써 강화말의 전형적인 특징이기도 하다. 어르신들끼리 대화
를 할 때는 흔히 나타나지만 젊은 사람들은 잘 쓰지 않는다. 외지인
들이 들으면 낯설어하니 외지인에게도 잘 쓰지 않는다. 방언조사를
하겠다고 불쑥 나타난 외지인에 대한 경계심이 풀린 것이면 좋겠다.
그러나 아무래도 현지의 사정을 잘 모르고 엉뚱한 질문을 하는 사람
에 대한 질책으로 들린다. 이래서 어렵다. 농촌에서 태어나 어린 시
절을 보냈기에 농촌의 사정을 그나마 안다고 하지만 가는 곳마다 다
른 상황을 모두 알기는 어려우니 늘 죄송할 따름이다.

사실 강화도의 말을 언급할 때 제일 먼저 꼽는 것이 '했시꺄, 왔시꺄' 등에서 확인할 수 있는 '시꺄'이다. 표준어로 한다면 '습니까' 정도로 꽤나 공손한 말인데 발음이 강해서 외지인들은 처음 들으면 낯설어한다. 그러나 토박이들이 일부러 쓰지 않으면 외지인들은 듣기 어려운 말이다. 더욱이 젊은 층에서는 거의 쓰지 않으니 머지않아 강화도 토박이말의 주요 특징으로 꼽기도 어려워 보인다. 사실 '시꺄'는 강화말의 특성이 아니라 황해도 말의 특성이다. '시꺄, 쉬꺄, 시니꺄' 등 황해도 말에서 다양하게 나타나는 것이 강화말에서는 '시꺄'로 나타나는 것이다. 그러나 이 말은 접하기가 어렵다. 강화도 땅에서 강화도 주민으로 살지 않는 한.

　　그 배 부리는 사람은 여기서 짓는데, 배 올해 뭐 잡을 거이 없어요. 저 사람들 여기 저, 지끔 저 여기서. 저 만들에 나려가거든요. 만들이라는 데가 있어요. 거기 내려 갈려만은 세 시간 네 시간 가야 되는데, 거기 나갔다 들오만은 기름을 몇 도라물 때냐면, 니 도람 때. 그럼 적자 나요, 기름깝이 좀 비싸요. 그냥 가서 잡아봐야, 별로 드는 거 없어. 숭년이 들어서 들, 들 잡고. 지끔 저 사람들 다 어렵게 산다고.

이 마을은 농사와 고기잡이를 같이 하는 사람들이 있어 선수포구에 가 보면 배들이 몇 척 정박해 있는 것을 볼 수 있다. 농사에 고기잡이까지 하면 그래도 형편은 좀 나을 수 있다. 그러나 고기잡이도 어려움이 많은가보다. 고기는 씨가 마르고 사람은 구하기 어렵고 기름값은 비싼 현실에 대한 이야기가 이어진다. 자꾸 말보다 이야기가 앞서 나간다. 그래도 그 이야기 속에서 화도의 말이 조금씩 들린다. '나려가다'는 원인천의 문학동에서도 들었던 말이다. 원인천과 강화의 말이 다르면서도 같은 요소가 있다는 증거이기도 하다.

'갈려만은, 들오만은' 등에서 들리는 '만'은 강화의 전형적인 말이다. 표준어로 하면 '면'이겠지만 교동까지 포함해서 '만'으로 나타난다. '시꺄'와 같은 어미는 외지인들이 낯설어하니 듣기가 어렵다. 그러나 '만'은 강화 사람들도 외지 사람들도 잘 잡아내지 못하지만 강화말의 전형적인 지표가 될 수 있다. 어휘는 표준말로 대치하기가 쉽고, '시꺄'와 같은 어미도 워낙 돋들리니 표준어로 대치하려고 노력하지만 이런 어미들에 대한 자의식이 별로 없으니 토박이들도 웬만해서는 버리지 않는다. 말을 하다보면 어미 '면'은 수없이 나오니 강화말의 지표가 될 만하다.

류호근 어르신의 뒤를 이어 이웃에 사시는 류씨 성을 가진 또 다른 분이 계시다. 어르신보다 한 살 어리니 친척이자 친구일 법한 분이다. 그런데 두 분 사이가 좀 뜨악하다. 대화 도중에 서로에 대해 여쭤봐도 언급을 잘 안 하시고 두 분이 말을 섞는 일도 별로 없다. 알고 보니 한 살 어린 류진학 어르신이 항렬이 하나 높다. 한 살 어린 류진학 어르신이 류호근 어르신의 아저씨뻘인 것이다. 집성촌에서는 흔히 있는 일인데 두 분 사이가 서먹서먹할 법도 하다. 나이가 들어서도 그렇지만 어렸을 때는 더 심했을 듯하다. 이웃의 류진학 어르신을 만나서도 자연스럽게 농사에 대해 여쭤본다.

모내는 건 이거 인제 물에다 담가, 한 일주일간 이상. 그래 가지
구 그걸, 싹을 트여 싹. 여기서 싹이 나온다고 이제. 그래서 이제 싹
이 나만은 판에다가, 모판에다가 이제 이걸 이케, 항토흙이 있어
저기 저, 거시기 허는 흑이. 정부에서 나오는 거. 거기다 그걸 밑에
다 인제 그걸 뿌리고, 그걸 이젠 또 우이다가 이 베씨를 뿌린다고
싹튼 걸 이렇게. 그렇게 해서 인제, 저 하우스 안에다가 길러요. 하
우스 안에다가. 그걸 이제 길러서 한, 사십, 사십일 모를 길러. 그
자라서 인제 그 사십 일쯤 늦어도 사십 오 일 되만 그, 모내는 거야.
논은 끌려놓은 데다가 기계루다 댕기며. 옛날에는 다, 손으루 다
했는데 인젠 기계루 다 해서.

벼농사의 시작은 모내기인데 모내기 이전에 모를 길러야 한다. 볍
씨의 싹을 틔우고 못자리에 부어 모를 길러내는 과정을 자세히 이야
기해주신다. 그 과정이야 조사를 할 때마다 늘 듣는 것이고, 요즘은
시역마다 ㄱ 차이가 없으니 새로울 것은 없다. ㄱ런데 어르신의 말
에서도 새로울 것이 없다. 표준어 혹은 중앙어와 다른 무엇인가를
찾아내는 것이 방언조사의 궁극적인 목표는 아니지만 표준어 혹은
중앙어와 다른 것이 나와야 뭔가 새로운 것을 발견했다는 즐거움이
있다. 그러나 어르신의 이야기 속에서는 그러한 것을 찾기가 어렵
다. 그래도 '위'를 '우리'라고 발음하는 것은 귀를 기울일 만하다.

글자가 같다고 발음이 같을 거라 생각하는 것은 오산이다. 예나
지금이나 밑의 반대말은 '위'이지만 세종대왕 당시 사람들은 이렇게
써놓고 오늘날과 다르게 발음했다. 굳이 밝히자면 '우이'와 같이 발

음했다고 보면 된다. '게'가 '거이'로 나타나기도 하고, '개'가 '가이'로 나타나기도 하는 것도 마찬가지이다. '에, 애, 위, 외' 등에는 모두 'ㅣ'가 포함되어 있는데 과거에는 '어이, 아이, 우이, 오이'처럼 발음되었다.

그래도 못 믿겠으면 '오이'와 '외'를 생각해 보면 된다. 과거에는 '외'라고 써 놓고 '오이'처럼 읽었는데 오늘날에는 '외'라는 발음과 표기가 드물어지고 '오이'만 나타나고 있다. 여전히 못 믿겠으면 '의'를 생각해 보면 된다. 'ㅣ'를 가진 모음 중에 아직도 'ㅡ' 발음이 살아 있어 '으이'처럼 읽히고 있는 것이다. 결국 '위'를 '우이'라고 하는 것은 과거의 발음 그대로 인 것이다. 이러한 발음은 충청도에서 주로 발견되는데 화도의 말에서도 들리는 것이 특이하다.

나머지는 늘 듣는 중부지역의 말이다. 그런데 늘 듣는 중부지역의 말이라고 해서 그것이 방언이 아니라고 단정 짓는 것은 위험하다. 표준어와 다른 것만 방언이라고 여기기 쉬운데 사실은 각 지역에서 쓰는 모든 말이 방언이다. 그리고 중부지역, 더 좁혀서 경인지역에 사는 사람들은 자신들이 표준어를 쓴다고 생각하지만 실제로는 표준어와 다른 것이 많이 나타난다. '손으루, 기계루'에서 나타나는 '으루' 도 그렇다. 표준어를 쓴다고 자부하는 사람도 이런 발음은 알지 못하는 사이에 나타난다. 그래도 여전히 '나만은, 되만'에서 '만'은 어르신이 강화 사람인 것을 확실히 보여주고 있다.

베훑이는 저 이렇게 된 게 혹에다 이렇게 여러 가지 섞어 놓은 꺼쩡이를 이렇게 훑지. 이렇게 훑지. 거, 잘 돼 여기다 둬. 말례서.

아휴, 이게 인제 말려서 방앗간에 가서 거시기 허는 거지. 쌀 맹길
어 나와야지. 방앗간에. 정미소나 방앗간이래는 건 그냥 옛날 말이
구, 정미소는 신식말이구.

농촌 지역을 조사할 때 벼농사와 관련된 것을 가장 먼저 조사한
다. 이 땅 어느 곳이든 물을 댈 수만 있다면 논을 일구는 것이 당연시
되니 벼농사와 관계된 것은 누구나 알고 있기 때문이다. 그러나 시
간이 흐를수록 과거에 쓰던 농기구와 농사법에 대한 말들이 사라지
고 있는 현실에 맞닥뜨리게 된다. 그래도 '베홅이'는 오랜만에 들어
본다. 나뭇지를 반으로 꺾어 벼의 이삭을 훑어 낟알을 떼는 도구다.
기계식 탈곡기에 자리를 내어준 지 오래고, 트랙터를 써서 벼를 베
는 동시에 탈곡까지 같이 하는 요즘에는 더더욱 보기 힘든 것이 벼
훑이다.

'벼'가 '베'로 나타나는 것이나 '말려서'가 '말레서'로 나타나는 것
이나 비슷한 현상이다. 그런데 '말레서'라고 했다가 바로 '말려서'라
고 바꿔 말씀하신다. '정미소'의 옛날 말이 '방앗간'이라고 말씀하시
면서도 과거에 자연스럽게 썼던 말들을 표준어로 대체하고 계신 것
이다. 방언을 조사하는 사람에게는 아쉬울 수도 있는 일이지만 이것
이 당연한 것이기도 하다. 트랙터가 모든 논일을 다 하는 시기에 벼
훑이를 쓰라는 것은 시대착오적인 요구이다. 마찬가지로 표준어가
우리의 말을 통일해 가는 상황에서 각 지역의 고유한 말을 지키라고
하는 것도 마찬가지다.

그래도 '흙'이 '흑'이 되고 '만들다'가 '맹길다'로 나타나는 것은 주

목할 만하다. 표준발음대로 [흑기]라고 발음하면 '흙이'라고 써야 한다. 그러나 '흙이'라고 써 놓은 것을 [흑기]라고 발음하는 것은 아나운서나 교과서를 읽는 초등학생 정도이다. 모두가 [흐기]라고 발음하면 '흙'은 사전에서 사라지고 '흑'이 그 자리를 차지하게 될 것이다. '맹길다'는 오히려 반대다. '맹길다'가 고형이고 '만들다'가 신형인데 서울 사람인데도 '맹길다' 혹은 '맨들다'를 쓰는 경우가 꽤 많다. 이렇게 과거의 말과 현재의 말이, 표준어와 그렇지 않은 말이 뒤섞이는 것이 오늘날 우리의 말이다.

올해, 금년에? 잘 안 됐죠. 이제 농사도 노력으로 그, 허지만은, 이 참, 천지지간에 그 자연에, 조건이 맞아야 돼요 오로지. 자연의 조건이 맞아야 농사도 잘 되지, 올해 너무 비가 많이 오고, 이, 그게 일조량이 적단 얘기 이거야. 그래두 어느 정도 일조량이 저거하구 해야 이게 제대루 이렇게 자라, 전체적으로 자라는데, 이게 이, 나이, 맨날 비만 올 때는 비만 오고 맨날, 가물 땐 또 가물고. 이르게 올해는 잘 되지를 않아. 사람의 노력으로 안 되고, 어, 자연의 조건이 맞아야 우리 농사도 잘되고 그렇지. 이게 내가 헌 게 문제는 쌀 금 싸고. 그게 이 야중에는 흔허게들 먹구 그러니까 그냥 뭐, 쌀 귀헌 줄은 모르잖아? 한 달만 멍청해도 숭년 들어가라구래. 배때기에서 쩌룩 소리가 나지. 삼 년만 숭년 들만.

이야기는 어느덧 농사짓는 방법에서 농사에 대한 철학으로 넘어간다. 때마침 흉년이 들었다. 낮고 넓은 들의 논에는 물을 대기가 쉬우나 높은 곳에 있는 논은 비를 기다리는 수밖에 없다. 물이야 그렇다 쳐도 해와 바람은 어쩔 수가 없다. 그에 대한 이야기가 나오는 중에 그래도 들리는 '허다'가 재미있다. '하다'는 중부지역, 심지어 서울에서도 '허다'로 나타나는 일이 허다하다. '하다'가 본래 'ᄒᆞ다'였으니 'ᆞ(아래아)'의 일반적인 변화에 따라 'ㅏ'로 바뀌는 것은 당연하다. 그러나 많은 지역에서 '허다'가 쓰이고 있으니 'ㅓ'로의 변화 또한 무시할 수 없다. '숭년'이야 쉽게 설명이 된다. '형'이 '성'이 되는 것과 마찬가지다.

어르신이 들려주는 농사에 대한 철학은 말, 특히 방언에 대해서도 그대로 적용된다. 많은 이들이 방언이 사라져 간다고 안타까워한다. 방언이 있어야만 먹고살 수 있는 방언학자들이 특히 그렇게 말한다. 그렇다면 방언이 사라져가는 것을 막을 수 있는가? 말은 살아서 숨을 쉰다. 민속촌처럼 꾸며서 가둘 수도 없고 박물관에 박제할 수도 없다. 방언을 쓰는 사람들의 결정에 따라 살아남고 사라지고 하는 것이다. 강화 사람들이 그들 고유의 말을 표준어, 혹은 서울말로 대체하는 것은 그들 스스로의 결정이다. 그것이 편하다면, 그것이 그들이 살아가는 데 도움이 된다면 그들의 선택에 따라 그리하는 것일 뿐이다.

자연조건이 맞아야 농사가 되듯이 방언이 사용되어야 할 조건이 맞아야 방언이 살아남을 수 있다. 그러나 지금은 과거처럼 좁은 지역에 갇혀 사는 상황이 아니다. 학교에서는 표준어를 배우고 방송을 통해 표준어를 듣는다. 투박하다고 여겨지는 사투리를 쓰는 것보다 세련됐다고 믿어지는 표준어를 쓰는 것이 더 유리하다. 사투리가 살아남기에는 환경이 좋지 않은 것이다. 그러나 이 지점에서 오해를 하면 안 된다. 강화도 사람들이 전통적인 사투리를 쓰든 표준어를 섞어 쓰든 결국 그것이 강화말이 된다. 사투리는 과거의 기억 속에 박제된 말이 아니라 오늘을 사는 사람들이 쓰는 모든 말이다.

화도 지역은 외지인과의 교류가 많고 외지인들의 이주가 많은 것은 분명하다. 류호근 옹의 말처럼 배를 타는 소수를 제외하고는 딱히 할 만한 일이 없다. 펜션이나 횟집 등을 하는 이들도 있는데 외지인과의 경쟁도 심하고 경기도 많이 탄다. 강화말이 겪고 있는 위기이기도 하다. 고유한 말을 지키려면 토박이들의 공동체가 잘 유지가 되어야 하는데 쉽지가 않은 상황이다. 조사지였던 화도면 내리는 전통적으로 류씨의 집성촌이었다. 그러나 지금은 인천과 서울로 이주하거나 두 집 살림을 하는 사람들이 많아 류씨들이 듬성듬성 살 뿐이다. 그 탓에 강화말도 듬성듬성해졌다.

그래도 귀를 기울이면 역시 강화도는 강화도다. '하면, 그러면' 등이 '하만, 그러만' 등으로 나타나는 것에서 알 수 있듯이 '면'을 '만'으로 하는 것은 강화 사람이라는 가장 큰 지표가 될 수 있다. 더 놀라운 것은 '오나서'이다. 표준어로 하자면 '와서'일 텐데 '와서'가 쓰일 자리에는 어김없이 '오나서'가 나타난다. 이 '오나서'는 저 아래 충청도 태안부터 강화와 교동을 거쳐 황해도와 평안도 서해안 지역에서 널리 나타난다. 이 지역이 뱃길로 통해 있다는 결정적인 증거이다. 팥죽에 넣는 '새알심'이 '생설미'로 나타나는 것도 그렇다. '새알시미'는 넓은 지역에 나타나는데 '생설미'는 화도에서, '샐새미'는 태안에서 나타난다.

인천이든 강화든 크게 보면 모두 중부방언에 속한다. 따라서 인천말과 강화말은 중부방언과 많은 공통성을 보인다. 그러나 인천말과 강화말은 훨씬 더 많은 공통성을 보인다. 단지 거리상의 이유뿐만 아니라 바다와도 밀접한 관련이 있다. 서해와 한쪽 면을 마주하고 있거나 서해로 둘러싸여 있기 때문에 뱃길로 통하는 말들이 중부방언의 여타 지역과는 다르게 흐르고 있는 것이다. 그러나 충청도 말이 강화에 '오나서 쓰이만' 강화말이 되고, 황해도 말이 강화에 자리를 '잡으만' 강화말이 된다. 오늘날 강화에는 충청도 말이나 황해도 말보다는 인천말이 훨씬 더 많이 흘러들어온다. 굳이 행정구역 때문이 아니더라도 강화 사람들의 마음은 서울보다 인천으로 먼저 향한다. 강화가 인천의 일부인 이유, 그리고 강화말이 인천말인 이유가 여기에 있다.

2013년 봄, 방송국 취재진과 함께 다시 화도를 찾았다. 사라져 가는 방언에 대한 아쉬움을 담은 프로그램이다. 교동에 들어가려 했으나 뱃길이 막혀 택한 화도행이다. 다행스럽게도 류호근 어르신과 그 아드님이 반갑게 맞이해주신다.

사투리로 허만은 '진지 잡수세요' 그러든가 '잡수시겨' 그러든가 원 이상스럽게 나도 안 되네⋯⋯ 옛날에는⋯⋯ 잘 생각이 안 나 나도.

방송국의 카메라가 부담스러워서일까? '진지 잡수시겨'란 말이 생각이 나지 않으신다고 말씀하신다. 일상에서 강화도 사람들끼리는 쓰면서 언뜻 기억이 나지 않는 것일 수도 있고, 사실일 수도 있다. 잘 쓰지 않으니 억지로 기억을 떠올려야 해서 그럴 수도 있다. 강화도 토박이들이 줄어들고, 토박이말을 잘 아는 연배들이 점점 세상을 뜨니 자연스럽게 기억 속에서도 희미해지는 것일 수도 있다.

| 방송에서 강화도 말에 대해 이야기하는 류호근(좌)과 아들 류교상(우)

'어서 오시겨, 빨리 오시겨, 식사 했시껴?' 이렇게 얘기하다 보만 은 '어린 사람이 윗사람한테 반말하나?' 뭐 이런 식으로 대하니까 빨리 사투리를 고쳐야 되고.

어르신의 아드님은 머릿속에서나 대화 속에서 왜 사투리를 지웠는지를 정확하게 말씀해주신다. 강화말을 아는 사람들 사이에서는 아무렇지 않게 받아들여지지만 외지 사람들은 낯설 수밖에 없다. 외지 사람들을 더 많이 대하면 대할수록 사투리를 지울 수밖에 없다. 물론 그 자리는 표준어가 차지한다.

2016년 어느 날 화도로부터 부고가 왔다. 어르신께서 세상을 뜨셨다고 아드님이 알려왔는데 다른 곳에서 조사를 하고 있던 터라 가보지 못했다. 안타까움과 죄스러움이 교차하는 와중에도 아드님에 대한 고마운 마음이 들었다. 방언조사를 하다 보면 늘 연세가 많은 할머니, 할아버지를 찾아다닌다. 추가로 조사를 할 것이 있어 다시 찾아가면 문전에서 오래된 부고를 듣는 일이 종종 있다. 그것보다는 고마운 상황이다. 그러나 옛 강화말을 생생하게 들려줄 이는 영영 다시 뵐 수 없는 것은 분명하다.

3. 양사 토박이의 말

　　강화군에는 13개의 면이 있다. 가장 남쪽의 화도면을 조사했으니 가장 북쪽의 면을 조사하는 것이 합리적이다. 그리하여 선정된 면이 양사면. 그런데 가는 길부터 험난하다. 2011년 여름, 뙤약볕 아래 차를 몰고 하점면에서 양사면으로 넘어가려 하는데 군인들이 길을 막는다. 생각지도 못했는데 양사면은 민통선 지역이다. 주민들의 출입은 자유로운데 외지인들은 꼬박꼬박 검문을 받아야 한다. 외국의 업체에서 서비스해주는 지도에서는 위성사진이 나오지만 국내 업체의 지도에서는 위성사진이 가려진 그런 지역이다. '외딴 강화도'란 표현이 딱 어울리는 지역이다.

　　군인들의 검문은 규정에 의해 이루어지는 것이니 신분만 확실하다면 문제가 될 것이 없다. 검문소를 지나 구불구불한 길을 달려 도착한 양사면 북성리. 꽤나 큰 마을이다. 게다가 강화의 대표적인 집성촌이다. 이런 집성촌은 방언조사를 하기에 가장 적합한 지역이기도 하다. 대대로 그 땅에 눌러 살아온 토박이를 만나기가 가장 쉬운 곳이기 때문이다. 그런데 불안하다. 하필이면 청주 한(韓)씨, 필자와 같은 성씨인데다가 한씨는 본관이 하나이니 따질 것도 없이 동성동

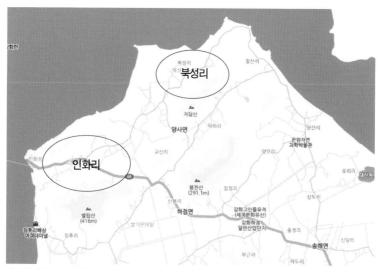

| 양사면 북성리와 인화리

본이다. 면사무소에서 받은 노인회장님과 이장님의 인적사항을 봐도 모두 한씨다. 돌림자로 항렬을 따져보니 각각 필자보다 4대와 5대 아래다.

불안한 예상이 적중했다. 면사무소에서 알려준 대로 노인회장님을 먼저 만난다. 조사를 시작하려면 통성명부터 해야 하는 법. 조심스레 명함을 건네면서 조사에 대한 소개를 조금씩 한다. 그런데 회장님의 눈길은 명함 속의 이름, 그것도 작게 써 놓은 한자 이름에서 떠날 줄을 모른다.

"한씨야? 성우? 그러만 '어리석을 우(愚)자' 돌림? 맞아? 맞아요?"

나이 차이가 있으니 처음에는 반말이 자연스럽게 나온다. 그런데 반말이 슬쩍 존댓말로 바뀌더니 점점 말꼬리가 흐려진다. 급기야는 아예 말을 하지 않으신다. 이런 상황에서 조사는 실패일 수밖에 없다. 나이로는 한참 어린데 증조할아버지와 고조할아버지뻘이니 차마 말을 잇지 못하신다. 집성촌일수록 족보에 민감하고 항렬에는 더욱이 민감하다. 마을 전체가 할아버지, 아저씨, 조카, 손자뻘로 엮여 있으니 더더욱 그럴 수밖에 없다. 나이가 어린 외지인이지만 일단 동성동본으로 확인이 되고 항렬까지 알게 되었으니 위의 항렬에게 반말을 쓰기도 뭐하고, 그렇다고 꼬박꼬박 존댓말을 쓰기도 꺼려지는 것은 당연하기도 하다.

어찌 된 일인지 북성리에는 필자보다 7대가 아래인 아이들까지 있는 상황이다. 언제 어떤 분이 이곳에 오셔서 이처럼 많은 후손을 두셨는지 여쭙지도 못했다. 노인회장님과 이장님을 제보자로 섭외하는 것은 실패했다고 하더라도 다른 분을 찾을 수도 있다. 그러나 연세가 꽤 드신 적절한 제보자가 꽤 많은데 모두 손사래를 치신다. 할아버지의 할아버지뻘 되는 이가 조사를 왔다는 소문은 순식간에 동네 전체에 퍼져 어느 집을 찾아가도 '젊은 할아버지'를 반기지 않는다. 할머니들도 많지만 이런 집성촌의 할머니들은 대부분 다른 곳에서 시집온 분들이다. 동성동본인 마을에서 동네 결혼은 꿈도 꿀 수 없기 때문이다. 북성리에서의 조사는 더 이상 어떻게 해 볼 수 없는 상황이다.

최적이라 여겼던 북성리는 결국 포기하고 인화리로 걸음을 옮긴다. 그런데 제보자를 찾기가 만만치 않다. 강화군 내에서 서도면 다음으로 인구가 적은 곳이 양사면이다. 집도 드문드문 있을 뿐만 아니라 많은 분들이 인천이나 서울을 비롯한 외지에 나가 있어 사람을 찾기가 어렵다. 어렵사리 만난 제보자, 인천에서 오랫동안 교원으로 근무하다 고향으로 돌아온 터라 제보자 조건을 엄격하게 적용한다면 제보자로서 적당하지 않다. 교원으로서 외지생활을 오랫동안 한 사람은 다른 지역의 말뿐만 아니라 표준어에 '오염'되었을 가능성이 크기 때문이다.

| 양사면 제보자 이영찬(좌) 황윤욱(우)

이름: 이영찬(남)　　　　　　　　출생: 1941년
출생지: 강화군 양사면 인화리
조사 당시 거주지: 강화군 양사면 인화리

이름: 황윤욱(남)　　　　　　　　　**출생: 1930년**

출생지: 강화군 양사면 인화리

조사 당시 거주지: 강화군 양사면 인화리

　영찬 어르신은 인화리에서 나고 자란 토박이로서 양사의 말을 잘 보존하고 있는 편이었다. 비교적 젊은 연세이고 중학교를 졸업한 학력이어서 다양한 분야의 주제에 대해 많은 이야기를 들려주셨다. 이영찬 어르신은 오랫동안 농사일을 주업으로 해오셨다. 황윤욱 어르신은 연세가 많아 양사의 말을 잘 보존하고 있는 편이었지만 인천에서 오랫동안 교원생활을 하다가 귀향을 한 경우여서 표준어가 많이 섞인 말을 들려주셨다.

　그래도 이영찬 어르신을 만난 것은 다행이다. 농촌 마을에서 예순 여덟은 젊은 축에 속한다. 더 연세가 드신 어르신을 찾고 싶었지만 쉽지 않은 일이다. 그래도 어르신은 양사의 역사, 그리고 인화리의 사정에 대해 아주 소상하게 알고 계신다. 주변의 자연환경에 대해 여쭙자마자 바로 별립산에 대한 이야기를 들려주신다.

　　그래서 인제 그렇고, 지금 이 산이 그, 이게 별립산입니다. 이게, 지금. 삼백구십 오 메다 인제 그 높이의 그 산인데, 이 명산이에요, 이 산이. 에, 지금 인제 군사 그 보호 지역으로 해 가주고, 지끔 인제 그 공군 미사일 부대가 지끔 올라가 있어 가주고, 이 민간인들이 출입허기가 굉장히 어려운데, 그 전에는 인제 상방에 인제 봄에 같은 때 인제 나물 같은 거, 이런 것두 인제 허러 다녀 보고 인제

그, 이제 그 싱아라구 이제 그런 것두 좀 이제 꺾으러 다녀 보고, 나무도 허러 다니고 그러면 참 그게 아주 그, 산이 명산이에여.

북성리에서 주민들끼리 대화하는 것을 들을 때는 강화말 혹은 양사말의 특징이 확연히 드러났는데 어르신의 이야기 속에서는 그런 요소들이 많이 발견되지 않는다. 외지인에 대한 경계 때문일 수도 있지만 대부분의 방언화자들이 그렇듯이 외지인을 만나면 '일상어'가 아닌 '접대어'를 쓰기 때문이기도 하다. '하다'가 '허다'로 나타나는 것은 흔히 있는 일이니 크게 시선을 끌지는 못한다.

그런데 갑자기 '싱아'라는 말이 귀에 쏙 들어온다. 박완서의 「그 많던 싱아는 누가 다 먹었을까」에 나오는 싱아다. 사실 '싱아'를 아는 이는 많지 않다. 시골에 살면서 먹어봤어야 이름과 맛을 알 텐데 그런 경험을 가진 이들이 드물다. 게다가 '싱아'란 이름은 더 낯설다. 경기도 남부와 충청도 일대에서는 '시영'이라 하니 말소리가 조금 다르다. 그런데 양사에서 '싱아'가 귀에 들어온다. 박완서의 고향은 개성 인근이고 소설의 배경 또한 개풍군 박적골이다. 이른 나이에 서울로 이사하였지만 새콤한 그 맛처럼 개성말이 작품 속에 드러나고 그중의 하나가 싱아인 것이다.

개성말에서 나타나는 싱아가 강화도 양사에서도 나타나는데 지도를 보면 그 이유를 바로 알 수 있다. 양사에서 바라보는 육지는 개성을 품고 있는 경기도 개풍군이다. 강화도의 동쪽은 김포와 마주 보고 있고, 북동쪽은 개풍과 마주 보고 있으니 가까운 육지의 말과 비슷하게 나타나는 것은 당연하다. 강화도 북쪽의 교동도는 황해도와 인접해 있으니 황해도 말의 요소가 더 많이 나타난다. 이렇게 보면 강화도는 전체적으로는 경기도의 강역에 속해 있으니 경기도 말이 기본으로 깔려 있되 인접한 육지 지역의 말이 혼재해 있음을 알 수 있다. 섬은 뱃길로도 통할 수 있어 보다 먼 지역말의 영향도 나타날 수 있지만 강화도가 워낙 육지에 인접해 있다 보니 강화도의 각 지역이 인접해 있는 육지의 말과 밀접한 관련성을 보여주고 있다.

> 또 여기는 인제 그, 양삿면 인화 이 린데, 마을 그 지명이 져온돌 이라고 하더라고. 여기 황효원이라고 그 황 장군이 있었는데 그 양 반이 그 장사로 태어났대요. 그 양반이 커서 교동 수사, 지끔으로 말하만 그 인제 그 해군 사령관 정도의 그 직위라고 그래요. 인제 그 양반이 이제 이거: 돌:을 이제 저다 났다 해서 인제 져온 돌이라 고 그런다 그래요. 요 우에 가면 이제 사각으로 된 돌이 있는데, 그 것은 진짜 그 내가 볼 적에두, 글쎄 그게 뭐 그 전설이겠지 그 양반 이 그런 그 큰 돌을 저 왔겠느냐라는 인제 식인데. 그게 뭐 이게 옛 날의 분들 얘기로는 에 그, 그 양반이 저 온, 돌을 저 왔다, 저다 났 다 그래서 져온돌이라고 그래요.

아주 오래전 인기를 끌었던 드라마 〈전설의 고향〉의 맨 마지막 장 면은 '늘 ○○도 △△면 □□산에 가면 지금도 ☆☆이 남아 있어 그 때의 이야기를 들려줍니다'로 장식되는데 어르신의 이야기도 그렇게 전개된다. 별립산 어딘가에 네모 모양의 커다란 돌이 있는가 보다. 이야기를 들어보면 고인돌일지도 모르는데 그것을 아기장수의 이야기와 연결해 '져온 돌'이란 이름을 붙인 것이 흥미롭다. 사실 누가 이름을 붙였는지 모르지만 '고인돌'은 단어 구조상 흥미로운 예이다. 커다란 판석을 돌로 고여 놓았다 해서 '고인 돌'인데 이러한 수식 구조의 말이 굳어져 하나의 단어처럼 된 것이다. 그런데 이곳 인화리의 옛 이름이 고인돌과 같은 구조의 '져온 돌'이다. 방언을 연구하는 이들이 지명에도 늘 관심을 가지는 이유가 여기에 있다. 지명에는 이제는 사라져버린 말들이 화석처럼 남아 있을 뿐만 아니라 지금은 흔히 볼 수 없는 구성의 표현들이 종종 나타나기 때문이다.

시간이 흐르면서 외지인에 대한 경계심이 풀려서인지 양사의 말도 강화말의 일부임을 드러내 주는 요소가 조금씩 나타난다. 강화 사람들도 인식하지 못하면서 쓰는 '만'이 그것이다. '말하면'이 '말하만'으로 나타나는 것으로 인화리가 강화도 땅이고 그 땅에 강화도 사람이 산다는 사실을 재확인시킨다.

> 여기가 그 지금 그 인화성이래는 데가 지금 저기 해안가 거기 가만은 거기가 지금 그 옛날에 그 지금 그 성두, 성 자리도 있고. 인화리, 인제 인화성이라고 인제 거기가 그러는데. 이 지끔 현재 그 타고 오신 도로가 그 사팔 도로 아, 사, 사팔 국도 아니냐구요. 그니까 이거 서울로 지끔 연결이 됐지만 여기가 시발점이라는 거야. 그 강화, 그 저 교동 연육교 그거 착공식에 제가 거길 참석을 했다고. 그런데 교동대교가 아니라 인화대교여야 할 거 아냐. 우린 머 새방자처럼 서서 쌍바라지나 열어주는 사람이야?

마을에 대한 이야기가 어느덧 교동대교 건설에 대한 이야기로 이어진다. 그런데 화가 좀 나셨는지 드디어 사투리가 쏟아지기 시작한다. 창후리 선착장에서 배를 타야만 갈 수 있었던 교동이었는데 교동과 강화 본도를 잇는 다리 공사가 한창이었다. 인화에서 교동으로 넘어가니 교동대교가 아닌 인화대교라 이름을 지어야 한다는 게 어르신의 주장이다. 그런데 예정된 이름은 '교동대교'다. 정말 인화리 사람들은 허수아비가 된 듯이 느낄 수도 있을 듯하다. 교동을 향해 여닫이문을 활짝 열어주는 것이 인화리 사람인데 이름마저도 빼앗긴 듯한 느낌이 들기도 하겠다.

이렇게 감정이 격앙된 상황에서는 의식하지 못하는 사이에 사투리가 튀어나오곤 한다. 갑자기 들리는 '새방자'와 '쌍바라지'가 그것이다. '새방자'는 허수아비를 뜻한다. 그런데 그 어디서도 들어보지 못한 말이다. 표준어 허수아비는 '정애, 허깨비, 허애비' 등 매우 다양하게 나타난다. 그런데 한 번도 들어보지 못하고 보고된 적도 없는 '새방사'가 나타난 것이다. '쌍바라지'는 또 어떤가. 말 그대로 누쪽으로 된 여닫이문이다. 이런 문을 '쌍바라지'라고 하는 것은 전북 지역 정도라 보고가 되어 있는데 어르신이 말씀 속에서도 그 말이 튀어나온다. 가끔은 이렇게 약간의 분노와 흥분이 섞인 상태에서 진행하는 조사가 도움이 될 때가 있다.

그런데 '인화대교'가 아닌 '교동대교'에 대한 분노는 '강화대교'와 '초지대교'를 생각해 보면 그리 억울할 일도 아니다. 강화와 김포를 연결하는 다리이지만 '김포대교' 혹은 '갑곶대교'와 '월곶대교'여야 한다고 주장하는 이가 있었는지 모르겠다. 다리란 것이 양쪽을 연결해주는 것이지 어느 한쪽만을 위한 것은 아니다. 그러나 확실히 교동대교는 교동을 위한 다리인 것은 분명하다. 그리고 양사를 비롯한 강화 전체는 훨씬 이전에 육지와 연결되어 있으니 이 다리는 어디서 출발하는가가 아니라 어디에 닿는가가 중요한 것임은 분명하다.

교동대교로 인해 교동 사람들의 삶은 물론 그들의 말에 많은 영향을 미칠 것은 틀림없다. 그러나 이는 교동에 그치는 것이 아니라 이곳 인화리를 비롯한 양사 전체에 영향을 미칠 것이다. 도로가 연결되면 사람이 오가고, 사람이 오가면 말도 오간다. 교동대교 덕에 이곳 인화리를 지나는 사람들은 더 많아질 것이다. 민통선 지역이어서 '외딴 강화도'로 느껴지던 양사에도 더 많은 사람들이 방문하게 될 것이다. 결국 외딴 강화도 양사의 말에도 급격한 변화가 나타날 것이다. 이미 개통된 이 다리로 인해 양사에는 어떤 변화가 일어나고 있는지 궁금하다. 그리고 그 변화가 '외딴 강화도' 양사를 세상 밖으로 끌어낼 수 있을지도 궁금하다.

> '메밀'이 왜 메밀이냐구요? 메진 밀이니까 메밀이져. 차진 밀이
> 아니니까. 모밀? 그건 껍질을 보만 돼요. 껍질에 모가 났잖아요. 그
> 러니까 모밀이지.

인화에서 만난 또 한 분의 제보자 황윤욱 어르신께는 자연발화를 많이 채록하지 못했다. 그런데 여러 질문 속에서 또렷하게 남아 있는 말씀이 하나 있다. '메밀'이 조사항목이었는데 자연스럽게 '메밀'과 '모밀'의 어원에 대해 설명하신다. 메밀을 조사해 보면 '메밀, 모

밀, 모밀, 뫼밀' 등으로 나타난다. '밀' 대신 '물'로도 나타나는데 아무래도 초점은 '모', '뫼', '메'에 놓여진다. 옛 문헌을 보면 '뫼밇'로 나타난다. 그렇다면 '뫼'가 '메' 또는 '모'로 바뀐 것으로 보아야 한다. '뫼'가 '메' 또는 '모'로 바뀌는 것은 드물기는 하지만 불가능한 현상은 아니다. '메밀'이 '모밀'이 되는 것은 이상하지만 본래 '뫼밀'이었다면 오늘날 '메밀'과 '모밀'이 공존하는 이유가 어느 정도 설명이 된다.

그런데 어르신은 다른 해석을 내어 놓으신다. '모밀'은 모가 난 밀이란다. 메밀의 알곡을 본 사람은 이 설명이 금세 이해가 되기도 한다. 밀은 밀이되 알곡의 껍질에 모가 나 있으니 모밀이라는 것이다. 정말 이것이 맞는 해석인가는 따로 논할 문제다. 중요한 것은 그 해석의 참신함에 있다. 이 설명이 딱히 틀렸다고 할 증거가 없다. 누군가가 그렇게 이름을 붙였을 수도 있고, 그렇게 생각하는 이들이 있을 수도 있다. 방언을 조사하고 말의 역사를 연구하는 사람들은 다른 설명을 할 수 있겠지만 그 말을 실제로 쓰는 이들 또한 나름대로의 설명을 할 수 있다. 방언조사를 하면서 전국 구석구석에서 만나는 이들이 '제보자'가 아닌 '말 선생님'인 이유가 여기에 있다.

4. 교동 토박이의 말

　　육지에서는 거리의 차이가 곧 방언의 차이인 경우가 많다. 산이든 강이든 특별한 장애물이 없다면 거리가 멀수록 방언의 차이가 크다. 그러나 길이 뚫리게 되면 거리와 관계없이 방언의 차가 줄어든다. 즉 절대적인 거리의 문제가 아니라 두 지역 간의 소통이 얼마나 원활한가가 문제인 것이다. 산과 강은 전통적인 장애물이다. 반면에 두 공간 사이의 길은 공간의 장애를 극복해주는 통로가 된다. 이런 이유로 육지에서의 방언구획은 정방형 혹은 방사형이 아닌 들쭉날쭉한 선을 따라 이루어진다.

　바다에서도 거리의 차이는 여전히 유효하다. 육지와 마찬가지로 거리가 멀면 방언의 차이는 크다. 그러나 뱃길은 육지의 길과 달라서 뱃길에 따라 방언의 차이가 다른 양상을 보이기도 한다. 뱃길이 어디로 나 있는가에 따라 방언의 양상이 달라지는데, 이러한 뱃길에 따른 방언의 차이는 섬과 섬 사이는 물론 섬과 육지 사이에도 적용된다. 거리가 가깝다 하더라도 뱃길이 나 있지 않으면 섬과 섬 사이의 언어 차이는 크다. 섬에서의 뱃길이 육지의 어느 곳으로 나 있는가에 따라 다른 방언이 나타난다. 언어의 교류와 전파는 곧 사람의 교류 및 전파와 맥을 같이 하므로 뱃길을 따라 오가는 사람에 따라 방언도 달라지는 것이다.

　교동은 섬이고 강화도도 섬이다. 이러한 당연한 사실을 다시 언급하는 것은 조금 특별한 면이 있기 때문이다. 오늘날의 행정구역만으로 보면 교동은 강화군에 속하지만 섬 자체를 놓고 보면 교동도는 강화도의 부속 섬이 아니다. 교동도와 강화도를 오가는 뱃길이 있기는 하지만 교동은 이웃 섬인 강화보다는 인접한 육지와 더 왕래를 많이 했다. 분단 이후 육지와의 왕래가 끊겼지만 전통적으로 교동은 황해도 연백과 주로 내왕했다. 이는 생활에만 영향을 미친 것이 아니라 언어에도 영향을 미쳤다. 교통 토박이말에 대한 서술에서 이러한 특성은 반드시 고려되어야 한다.

2011년 여름의 교동행은 강화도의 창후리 포구에서 시작된다. 2014년 강화와 교동을 잇는 교동대교가 완공되어 차로도 오갈 수 있지만 이때는 교동대교의 공사가 한창이어서 배를 타는 것 말고는 교동에 접근할 수 있는 방법이 없었다. 교동 전체가 민통선 지역이어서 신분증을 내고 검문을 받아야 하는 것은 당연한 절차이기도 하다. 교동은 지리적으로도 섬일 뿐만 아니라 섬에서 또 배를 타고 들어가야 하는 섬, 그리고 검문을 거쳐야 들어갈 수 있는 섬 중의 섬인 것이다.

언제나 그렇듯이 면사무소부터 들른다. 13개의 리 단위 마을로 이루어진 면이지만 교동의 토박이들은 서로를 훤히 꿰뚫고 있다. 교동 전체에서 가장 흔하게 볼 수 있는 몇몇 성씨 중에서 전(全)씨가 가장 먼저 언급된다. 그리고 교동의 자랑거리 향교가 그다음으로 언급된다. 교동향교와 전씨가 결합되니 대상자는 단 한 사람으로 좁혀진다. 평생 교동을 지키며 살아오다 교동향교의 전교로 봉직하기도 한 전종대 어르신이다. 교동에 들어가기 전에도 여러 번 성함을 들었던 분이다.

| 교동면 제보자 전종대

이름: 전종대(남)
출생: 1928년
출생지: 강화군 교동면 고구리
조사 당시 거주지: 강화군 교동면 고구리

　교동의 제보자 전종대 어르신은 교동면 고구리에서 태어난 후 한 번도 외지 생활을 하지 않은 토박이 중의 토박이이다. 19대조가 교동에 자리를 잡은 이후 후손 대대로 교동을 지켜왔다. 소학교 중퇴의 학력이나 전통적인 학문에 조예가 깊고 지역 향교와도 꾸준히 관계를 이어와 교동향교의 전교(典校)로 봉직하기도 했다. 조사 당시에도 상투를 틀고 갓을 쓸 정도로 전통적인 생활양식을 유지하고 있었다. 조상 대대로 이어 온 농업을 주업으로 하였다.

　면 소재지인 대룡리를 떠나 들어선 고구리는 고구 저수지를 중심으로 넓게 논이 펼쳐져 있는 평화로운 농촌 모습 그 자체다. 몇 번의 수소문 끝에 찾아간 어르신 댁, 우리 일행을 보자마자 잠시 기다리라고 하고는 사라지신다. 도포에 갓을 정제하고 나타난 어르신의 모습을 보자 갑자기 100여 년 전의 시간 속으로 거슬러 들어간 느낌이 든다. 소개를 끝내고 질문을 시작하자마자 교동의 말이 쏟아져 나오기 시작한다.

어드렇게 왔어? 행교 가 볼라구? 그르만 일러리 오너. 이 교동 행교가 천구백이십팔년 고려 인종 오 년에 이 행교가 생겼어. 우리 교동이 이름이 많아. 첫째, 고림, 높을 고 자에 수풀 림 자. 대운, 달을신, 그리고 뭐냐. 그렇게 이름이 많고. 예전에는 여기 교동에 삼 개 면이 잇엇어. 동면, 서면, 북면 삼 개 면이 잇엇고 고 담에는 화개면, 수정면, 이 개 면이 잇엇고. 그리다가 인제 교동으루 됏는데, 그 당시에는 인제 강화군 교동면이 아니라 교동군이거든. 교동현이거든. 그래 가지구 현감이 잇엇고.

역시 교동의 토박이답게 교동의 이름에 대한 이야기가 먼저 나온다. '고림', '대운', '달을신' 등에 대한 유래와 풀이를 여쭙지 못한 것이 못내 후회된다. 더 자세한 이야기를 받아두었더라면 교동의 이름에 대한 새로운 이야기를 쓸 수 있었을지도 모른다. 이어져 나오는 교동의 역사, 지금이야 강화군에 속해 있는 면이지만 한때 그 이상의 지위에 있었던 시절에 대한 이야기다. 그리고 교동과 강화는 다르다는, 강화보다는 교동이 더 위라는 은근한 자부심과 현실의 행정구역 체계에 대한 불만도 내비치신다.

그러나 교동의 역사가 주된 관심사는 아니다. 오로지 말이 주된 관심사일 뿐이다. 첫 부분의 '어드렇게 왔어? 행교 가 볼라구? 그르 만 일러리 오너.'가 교동말의 특징 전반을 압축적으로 말해준다. 어르신의 말씀을 듣다 보니 묘하게 뭔가 발음이 새는 듯한 느낌이 든다. 이유는 '왓어'와 '잇엇어'에 있다. 맞춤법에 맞게 적으려면 '왔어' 와 '있었어'라고 적어야 한다. 그런데 어르심의 발음을 들어보면 그렇게 적을 수가 없다. '왔어'와 '있었어'로 적으려면 [와써]와 [이써써]로 발음되어야 한다. 그러나 어르신은 [와서]와 [이서서]로 발음하신다. '어드렇게 왔어?'가 묻는 말인데 '와서'와 같이 발음되니 뭔가 말이 끝나지 않은 듯한 느낌이 든다.

어찌된 일일까? 곰곰이 생각해도 답이 나오지 않는다. 어르신의 치아 때문에 발음이 새는 것일까? 그것도 아니다. 다른 발음들은 다 정확하다. 유독 '왔어'와 '있어' 등에서만 그렇다. 더 유심히 듣다 보니 '하겠어'도 '하겟어'로 발음하신다. 답이 나왔다. 받침에 있는 'ㅆ'이 문제다. 어학적으로 이야기하자면 과거를 나타내는 '았/었'과 미래를 나타내는 '겠'에서 이런 현상이 나타난다. 이들과 역사적으로 관련이 있는 '있다'에서도 마찬가지다. 다른 지역에서는 'ㅆ'으로 발음되는 것이 어르신의 말 속에서는 'ㅅ'으로 나타나고 있는 것이다.

어르신의 말소리를 들으면서 박사논문을 쓰기 위해 만난 평안도 출신의 화자들이 떠오른다. 평안도 말이니 어르신의 말과 많이 다르지만 적어도 받침의 'ㅆ' 발음은 같았다. 평안도 화자들의 말에서 받침의 'ㅆ'은 없다. 평안도만 그런 것이 아니다. 평안도와 가까운 황해도 북부의 황주 출신 화자도 그랬다. 교동의 다른 어르신들도 마찬가지였다. 'ㅆ'으로 발음하는 화자들도 꽤 있었지만 나이가 드신 분들은 대부분 'ㅆ'이 아닌 'ㅅ'으로 발음하신다.

지도를 들여다보고 교동의 역사를 들여다보면 이해가 된다. 지금이야 교동은 강화도의 부속 섬이자 경기도의 일부로 취급되지만 지도상의 교동은 황해도와 딱 붙어 있는 형국이다. 어차피 섬이니 다른 지역으로 가고자 하면 뱃길을 이용해야 하는데 뱃길로 가장 가까운 곳이 황해도 연안군이다. 교동 사람들은 늘 뱃길로 이 지역과 소통을 하고 있으니 이 지역의 말에 영향을 받는 것은 당연한 일이기도 하다. 평안도 말에서 나타나는 특성이 해안을 타고 이 지역까지 내려와 영향을 미치고 있는 것이다. 다시 생각해 보니 첫 마디 '어드렇게'도 그렇다. 전형적인 평안도 말이다.

'그르만'은 교동말과 강화말의 유사성을 알려주는 대표적인 사례라 할 수 있다. 강화 전체에서 '그러면, 하면, 먹으면' 등에서의 '면'은 '만'으로 나타난다. 교동도 이와 다르지 않아서 '면' 대신 '만'이 나타나고 있는 것이다. 그런데 정말로 이상한 것은 '오너'이다. 표준어로 한다면 '와'가 되어야 하고 인근의 경기도 및 강화도에서도 '와'가 되는데 '오너'로 나타난다. '오너'는 명령형 '오너라'를 생각하게 한다. 또는 드라마 〈대장금〉에 삽입된 〈오나라〉라는 노래를 떠올리게도 한다.

오나라 오나라 아주 오나   오시라, 오시라 (하면) 아주 오시나?
가다라 가다라 아주 가나   가시라 가시라 (하면) 아주 가시나?

사극답게 옛말로 가사를 써서 전승된 민요처럼 느껴지기는 하나 현대에 새롭게 만들어진 노래이다. 그래도 '오다'의 특성을 꽤나 잘 드러내 주고 있다. 명령형 중 유독 '오다'에 '너라'가 붙어 '오너라'가 되는데 '오너'도 이와 관련이 있어 보인다. 교동말에 '오너'가 나타나는 것 자체도 흥미로운 일이지만 '오너'는 충남 서해안에서도 나타난다는 점에서 더 흥미롭다. 서산, 태안, 당진 등에서 '오너, 오너서' 등으로 활용되는데 이러한 활용형이 꽤나 멀리 떨어진 북쪽의 교동에서 발견되는 것이다.

충남 서해안에서만 발견되는 것이 아니다. 지금은 황해도 땅을 조사할 수 없어 알 수 없지만 황해도 땅과 마주 보고 있는 백령도에서도 마찬가지다. 이렇게 보면 한반도 중부의 서해안에서 널리 확인되는 것이기도 하다. 설명이 쉽지 않은 문제이다. 교동과 충남 서해안 사이의 경기도 바닷가 말을 더 자세히 조사해 봐야 알겠지만 그동안의 조사에서는 보고된 바가 없다. 그런데 어르신의 이야기 속에서 이 문제를 풀 열쇠가 감지되기도 한다.

이 교동이 아주 저러키니 현감으루 벼슬, 군수루 나려온 사람이 강화 본도보덤두 여기가 더 직급이, 계급이 높은 사람이 왔다구. 왜 그러냐, 왜 그러냐며는 여기에는 인제 사, 삼군, 삼도 통어사가 잇드랫어. 삼도통어사는 뭐냐믄 충청도, 경기도, 황해도 요 삼도를 통어하는 통어사. 인제 수군절도사가 잇구. 수군절도사 인제 지금 말하자면 해군본부지. 여기 서해가 여기 잇기 땜에. 이렇기 땜에 그것을 겸헐려니꼐는 직품이 높은 사람이 여기 나려오는 거지.

이어지는 교동에 대한 이야기 속에서도 교동에 대한 자부심이 대단하다. 어르신도 '강화 본도'라고 말씀하고 계시지만 교동이 강화보다 더 급이 높았을 때에 대한 이야기를 들려주신다. 교동에 삼도의 수군을 관할하던 통어사가 있던 시절의 이야기다. 군사적 요충지이기도 하니 종2품의 높은 직품의 관리가 파견되기도 했던 지역이다. 교동이 경기, 충청, 황해도 삼도의 수군을 총괄하던 지역이라는 것은 단순한 역사적 사실 이상의 의미가 있다. 삼도의 바다를 총괄하던 이 지역에 삼도의 말이 모두 나타날 가능성이 있는 것이다.

'본도보덤두'에서의 '보덤'은 충청, 경기 서해안에서 두루 나타나는 어형이다. '잇드랫어'는 황해도 북부를 거쳐 평안도에서도 확인되는 어형이다. '나려오다'는 인천 문학동 토박이도 쓰던 말이다. 상황이 이러니 충청 서해안에서 확인되는 '오너'가 교동에 나타나는 것도 크게 이상하지 않다. 뭍의 길로는 충청 서해안과 교동이 멀지만 바닷길로는 그리 먼 길이 아니다. 충청 서해안에서 나타나던 말의 특징이 뭍의 길에서는 가로막혔지만 물길로는 자연스럽게 이어져 교동에서까지 그 특징이 발견되는 것이다.

교동을 이야기할 때 빠져서는 안 되는 것이 교동향교다. 어르신의 첫 마디 '어드렇게 왔어 행교 가 볼라구?'가 그것을 단적으로 말해준다. 교동향교는 전국에 산재한 향교 중 하나이겠지만 역사적인 의미는 그보다 훨씬 더 깊다.

이 교동이란 데가 이렇게 유서 깊은데, 이 교동행교가 그 남한일대 행교 중에 젤 윗수 행교야. 근데 왜 윗수가 되냐면, 제일 먼저 이

행교가 언제 생겻냐면 천구백이십팔 년 고려 인종 오년 오 년에 이 행교가 생겻어. 이름이 안유고 호가 안향인 사람이 저 그러키니 중국엘 건너갓어. 원나라. 그때 원나라지. 원나라에 근너갓다가 공자님에 영정을 모시고 나오는데 배 타고 물로 오는 거라 말이야. 개경으루 들어갈려 그러면 일러리 와야 된다 말이지. 공자님 영정 모시고 오든 배가 이 교동에 댓어. 교동에다 대구서 초막을 짓구서 육지에다 모셔놧다가 싫구선 개성으로 갓다 말이지. 그래서 원나라에서 처음 오다가 교동에 기착을 햇기 땜에, 그래서 교동행고가 제일 먼저 공자님 모시는 곳이란 말이야.

교동향교에 대한 자랑은 꽤 길게 이어진다. 교동의 자랑거리이기도 하고 어르신이 교동향교의 전교로 봉직을 했기 때문이기도 하다. 공자님의 영정이 제일 먼저 머무른 곳이 교동이고 그 땅에 지은 향교가 교동향교이니 제일 '윗수 행교'라는 것이다. 향교의 역사에 대한 이야기에 빠지다 보면 놓치기 쉬운데 '향교'가 '행교'가 되는 것도 흔한 일은 아니다. '학교'가 '핵교'가 되는 것은 흔하다. 조금 어렵게 느껴질 수도 있겠지만 '아기'가 '애기'가 되는 것과 별반 다르지 않은 현상이다. '구경'이 '귀경'이 되는 것도 비슷한 현상이다.

그러나 '향교'가 '행교'가 되는 것은 '학교'가 '핵교'가 되는 것과는 다른 문제다. '학교'가 '핵교'가 되는 것은 뒤에 있는 '교' 때문이고 '향교'에도 '교'가 있어 같은 현상으로 보일 수도 있다. 그러나 '향'은 '교'의 영향을 받지 않는다. 즉 '향교'도 '행교'가 되지만 제사 때 피우는 '향'만으로도 '행'이 될 수 있다. '향기'가 '행기'가 되고 '며느리'가

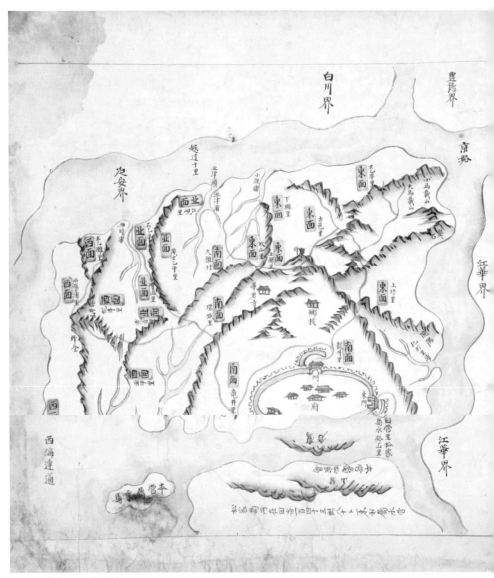

| 옛 지도 속의 교동

'메느리'가 되는 것과 같은 현상이다. 이러한 현상은 중부 일원에서는 흔하게 발견되지 않는다. 전라도나 경상도에서 흔히 발견되는 현상이다. '향'을 '행'이라고 하지 않으시니 '향교'가 '행교'가 된 것은 특이한 예로 볼 수밖에 없다.

'싫구선'에 나타나는 '싫다'는 조금 많은 이야기가 필요하다. 표준어로 쓰자면 '싣고선'과 '싣다'가 되어야 하는데 어르신의 말을 관찰해 보면 '싫다'로 쓸 수밖에 없다. 누군가를 좋아하지 않는다는 뜻의 '싫다'와 뜻은 다른데 소리는 같다. '싣다'는 '싣고, 실어, 실으니'와 같이 불규칙하게 활용된다. 소위 'ㄷ' 불규칙 동사이다. 표준어에서는 이렇지만 많은 사람이 알게 모르게 이 불규칙을 싫어하는 것으로 보인다. 자신이 표준어 화자라고 믿는 이들도 '싣다, 싣고'를 [싣따], [싣꼬]로 발음하는지 [실타], [실코]로 발음하는지 확인해 볼 필요가 있다. 적어도 책을 읽는 경우가 아니라면 중부방언 화자들도 [실타], [실코] 또는 [실따], [실꼬]로 발음한다. 머릿속으로 생각하는 것, 혹은 그렇게 발음한다고 믿는 것과 실제 발음은 다를 때가 많다. 어르신의 말 속에서 들리는 '싫구선'도 귀를 기울이지 않으면 그저 '싣구선'이라고 받아 적게 된다. 어르신들의 말 속에 담긴 역사뿐만 아니라 소리까지 귀 기울여 들어야 하는 이유가 여기에 있다.

어르신의 이야기는 교동향교로부터 자연스럽게 당신의 종교에 대한 것으로 이어진다. 단군을 모시는 종교에 대한 이야기가 너무 전문적으로 흘러가서 흐름을 조금 쉬운 이야기로 바꾸어 본다. 세시풍속에 대한 이야기다. 정월 초하루부터 섣달그믐날까지 내리 읊어주신다.

정초에 여기서 가레는 날이 잇어. 정월 초하룻날 토끼날을 가레. 묘일이지. 묘일은 여자들이 남이 집이 제일 먼저 안 가. 그날은 남자가 인제 이웃집에 인저 가서 아침일찌금 가서 아궁에 저, 불버텀 불살라 주지. 순라 두며는, 그 집이선 또 술대접해주고. 그것이 풍속이엇어. 기허는 건 별루 없고 정월 지나고 나서 첫 묘일. 첫 토끼날. 그날을, 가, 지금두 가레. 저 정월 첫 토끼날은 여자들 아침 일찍은 나가지 말아라 말이야. 그런 거 잇어.

가리는 날, 즉 금기시하는 날에 대한 이야기다. 이날을 왜 가리는지, 여자들은 안 가는데 남자들은 왜 이웃집에 가서 불을 피워주는지 등에 대한 이야기가 복잡하게 전개된다. 그런데 이야기보다 먼저 시선을 잡아끄는 것은 '가레'라는 말이다. 표준어로 한다면 '가려' 정도가 되어야 한다. '가리다'에 '어'가 붙은 것이니 '가리어' 또는 '가려'가되는 것이다. 그런데 이게 '가레'로 나타난다. 한두 번도 아니고 여러번 그렇게 나타난다. 이 또한 설명이 난감한 문제다. '기다', '지다', '그리다' 등 '이'로 끝나는 것들이 '어'와 만날 때 '게, 제, 그레' 등으로 나타나는 것은 평안도 방언의 전형적인 특성이다.

이러한 어형이 나타나는 것 또한 평안도 방언의 영향으로 볼 수밖에 없다. 뭍으로 난 길로 따져보면 평안도는 꽤 멀 수 있다. 그러나 바다의 길은 그보다 훨씬 더 가깝고 수월하다. 교동과 가까운 경기도의 다른 지역에서는 이러한 현상이 나타나지 않는데, 유독 교동에서이 현상이 나타난다면 역시 뱃길을 통한 영향이라고 볼 수밖에 없다. 그만큼 교동에서는 남쪽에서 뱃길을 타고 올라온 말의 특성과 북쪽에서 역시 뱃길을 타고 내려온 말의 특성이 교차하고 있는 것이다.

　칠석은 견우직녀 만나는 날이지 뭐. 오작교야 오작교. 에 까치 가
마구가 올라가서 오작교, 오작이야. 까마구 까치가 올라가 다리 놔
주는 게. 추석 때 차례 지내잖아. 그리구 나마진 별루 윲어. 동지에
팥죽이나 쑤어 먹구. 구뭄날은 자면 머 머리, 누 눈썹이 신다구 그
른다. 근데 구뭄날은 눈썹이 시는 게 아이라, 지신이 나리, 천신
이 나려온다는 거야 천신. 하늘에서 신이 나려온대는 거야. 그거이
안궤라 그래. 그 신에 이름을 여기선 안궤라 그른다구 안궤. 안궤
가 나려오니게 그전엔 지금은 전부 신발을 안에 벗지만 그전엔
뒷돌 밖에 인제 아이들 신발을 아이들 신을 전부 안에 들여놔. 안궤
가 나려와서 그 신발 다 신어본다구. 그러니 그 당시에 그 방지가
뭐냐면 문간 옆에다가 체를 갖다 걸어놔. 그 안궤가 들어오다가 그
쳇구녁을 보고선 고것이 구녁 자꾸 시다가 날이 밝는대는 거지. 그
런 풍설이 잇어.

　이야기가 칠월칠석부터는 빠르게 전개돼서 섣달그믐날로 바로 이
어진다. '없어'가 '윲어'로 나타나는 것은 저 아래 충청도에서 흔히
관찰되는 것이다. 어르신의 말 속에서 충청도부터 평안도의 말의 특
징이 두루 나타나는 일이 많다 보니 그리 신기하게 느껴지지도 않는
다. 견우직녀가 오작교에서 만나듯이 남쪽과 북쪽의 말이 교동을 오
작교 삼아 만나는 것일지도 모른다. 굳이 교동으로 한정할 필요도
없다. 서해에 점점이 놓여 있는 섬, 아니 바다의 모든 섬들이 뱃길을

이어줄 뿐만 아니라 말의 길도 이어주고 있는 것이다.

정말 모르갓어? 그 눔들이 왜 걸핏하면 오느서 저러는지? 꿩이 때문이지, 그러니까 게 말이야, 게. 왜 즈이 땅 놔두고 여기까지 오느갓구 그 난리를 치냐구. 즈이들 바다에서 잽히는 꿩이나 잡으면 되지 왜 우리 꿩이를 잡을라구 그러냐구. 뭐이가 어드래? 난 평안도에 가 본 적도 없고, 평안도 사람을 만나본 적도 없어. 그런데 내가 어드렇게 평안도 말을 쓰갓어. 내 말이 그 말 아냐. 바닷물도 흘러 다니잖어? 남쪽의 물이 북쪽으로 갓으문 북쪽 물이구, 북쪽 물이 다시 남쪽으로 흘러 왓으문 남쪽 물이구. 북쪽에서 알을 깐 게라도 남쪽으로 내려왓으문 남쪽 게인거구. 배 끌구 내려오구, 총 들고 내려오문 그건 싸우자는 거잖어.

조사 도중에 조금 민감한 얘기가 나온다. 꽃게잡이 철마다 연례행사처럼 벌어지는 남북 간의 긴장 관계에 대한 이야기다. 남과 북의 사람들은 서로가 총구를 겨누고 있는 양측의 경계 지역을 피하려고 한다. 그러나 꽃게는 양쪽 어부들의 그물을 피해 그 지역으로 몰려간다. 그곳의 꽃게를 잡으려 남과 북의 어부들이 몰려가고 이를 관리하기 위한 군경의 배들이 몰리다 보니 긴장 관계가 조성될 수밖에 없다. 의도적이든 우발적이든 선을 넘을 수밖에 없고 그 상황에서 총성이 나기도 한다. 교동의 바닷가는 온통 민통선 지역이어서 아예 어선이 뜨지 못하니 다른 곳의 이야기이긴 하다. 그러나 북녘땅을 빤히 바라보는 교동 사람들에게는 남의 일 같지 않은 일이다.

그런데 묘하다. 어르신을 말씀 속에 '게'는 '궹이'다. 당신이 '궹이'라고 하는 그 말이 어디에서 주로 쓰는 말인지 모르시는 듯하다. '궹이'는 주로 평안도, 그것도 평안북도 지역에서 쓰이는 말이다. 경기에선 '게' 또는 '궤'가 주로 쓰인다. 사람들이 인위적으로 그어놓은 선을 게들이 알 리가 없다. 그래서 게들은 그 경계를 오르내리며 살아간다. 말은 또 어떠한가. 방언은 지역 간의 다름을 전제로 하지만 그 지역을 나누는 경계가 명확한 것은 아니다. 분단이 남과 북을 갈라놓았고 말마저 갈라놓았지만 말은 분단 훨씬 이전부터 있었다. 그리고 그 말은 남과 북을 자유롭게 오가고 있었다.

교동은 특히 지역적 특성으로 인해 남과 북의 말이 자유롭게 오갔다. 뭍으로 난 길로는 평안북도가 멀고도 멀지만 바닷길로는 그리 먼 길이 아니다. 뭍의 길을 통하지 않고 바닷길을 통해 '궹이'가 교동까지 내려올 수 있는 이유가 여기에 있다. 그런데 이야기가 전개될수록 묘한 변화가 일어난다. 어느새 '궹이'가 '게'로 바뀐 것이다. 어르신이 의도하신 것 같지는 않다. 당신도 모르는 사이에 남쪽의 말, 혹은 표준말이 드러나고 있는 것이다. 당신은 평안도 말을 쓰는 게 아니라고 말씀을 하시지만 당신의 말 속에 평안도 말의 특색이 내재되어 있다는 것을 은연중에 알고 계신 것일지도 모른다.

바닷물과 게는 경계를 모르지만 사람들은 있지도 않은 선을 그어놓고 대치하고 있다. 본래 말도 경계를 모르고 오고갔는데 사람들이 오가지 못하니 말도 경계가 지어져 버렸다. 그렇게 오십 년이 넘은 세월이 지나면서 말에서도 큰 변화가 나타나기 시작했다. 시간이 흐르면 흐를수록 인위적으로 만들어진 이 경계와 변화는 고착화될지도 모른다. 그렇게 되면 방언의 경계도 다시 그려져야 하고, 방언지도도 다시 만들어져야 할지도 모른다. 남북 간의 대립 관계가 지속될수록 '꿩이'는 잊혀지고 '게'만 남게 될지도 모르겠다.

2년 뒤인 2013년 3월, 강화도 말을 취재하고 싶다는 방송국의 요청에 따라 어르신을 만나기 위해 다시 교동으로 향한다. 당연히 미리 연락을 드리고 가는 것이 도리이겠지만 교동을 비우는 일이 절대로 없는 어르신이기에 연락도 없이 무작정 교동으로 가는 창후리 포구로 간다. 그런데 헌병이 총을 들고 막아선다. 모든 차량은 5일 전에 허가를 받아야 하고 방송 카메라는 절대로 가져갈 수 없단다. 북한의 계속된 도발로 남북한의 긴장이 한껏 고조된 상황의 민통선 지역이니 당연한 것이기도 하다. 미리 준비하고 연락하지 못한 것이 불찰이다.

허탈하게 발걸음을 돌리며 어르신께 전화를 건다. "빨리 오느, 한 선생이랑 지애랑 둘만이래두 오느."라는 어르신의 목소리가 들려온다. 차도 방송국 사람도 다 떨치고 둘만 오라 하신다. 여러 날 이어진 조사과정에서 정이 들 만큼 들었다. 남과 북의 바다를 오고 가는 어르신의 말씀을 듣고 싶지만 다음으로 미룰 수밖에 없다.

2014년 7월 1일에 교동과 강화를 잇는 교동대교가 완공되었다. 교동에 가려면 강화의 창후리 포구에서 배를 타야 했는데 드디어 배를 거치지 않고 바로 교동에 닿을 수 있게 된 것이다. 이 다리가 교동에 가져올 변화는 상상할 수 있는 수준 이상일 것이다. 단지 차와 사람이 자유롭게 오갈 수 있게 된 것에 그치는 것이 아니다. 접근이 쉬운 만큼 외지의 사람들이 교동에 들어갈 가능성이 커진 것이고, 교동 사람들이 외지로 나갈 가능성도 함께 커진 것이다. 그와 함께 말도 교동대교를 통해 훨씬 더 잦게 오고갈 것이다. 10년, 혹은 20년 후의 교동말에 대한 조사가 다시 필요한 이유이기도 하다.

전종대 어르신에 대한 조사가 끝난 후 뭔가 미진한 것이 있어 교동의 여러 곳을 찾아다니던 중에 교동면 인사리에 들어가게 되었다. 교동을 본관으로 하는 성씨가 있다. 교동 인씨(喬桐 印氏)가 바로 그 주인공이다. 인씨 성을 가진 이도 드물지만 교동을 본관으로 하는 것도 특이하다. 인씨의 본관이 교동이긴 하지만 인씨 성을 가진 이들의 절대 수가 많지 않으니 교동 내에서도 집성촌을 찾기는 어렵다. 다른 정보가 없어 묻고 또 물어 찾아간 어느 집, 고운 품성이 온몸에서 배어 나오는 부부를 만나게 되었다. 낯선 이들이 조사를 왔다고 하면 손사래를 칠 법도 한데 반갑게 맞이해주신다.

교동의 또 다른 제보자 인갑순 할머니는 교동면 삼선리에서 태어나 결혼 후 인화리에 계속 거주하였다. 잠깐씩 외부에 다녀온 것을 제외하면 내내 교동에서만 생활해 왔다. 주부로서 지역의 산물, 음식, 생활 등에 대해 다양하게 이야기를 들려주었다. 특히 다른 지역 말의 영향을 덜 받은 편이어서 교동 지역어의 특징을 매우 잘 드러내 주는 제보자이기도 하다.

이름: 인갑순(여)

출생: 1940년

출생지: 강화군 교동면 삼선리

조사 당시 거주지: 강화군 교동면 인사리

연세는 그리 많지 않은데 안주인의 말이 귀에 쏙 들어온다. 부부가 모두 교동 사람이지만 특히 안주인의 말에서 교동의 냄새가 풀풀 난다. 전종대 어르신의 말은 교동말의 교과서 같은 말인데 말 그대로 '교과서' 같아서 다소 아쉬움이 있었다. 교동 향교의 전교를 역임했다는 자부심 또한 대단해서 가능하면 격이 높은 말을 쓰려고 노력하셨다. 그러한 말 속에서도 교동말의 특징은 얼마든지 찾을 수 있지만 교동의 골목길을 오고 가면서 들었던 동네 사람들의 말투와는 조금 다른 것이 아쉬웠다. 그런데 이 집 안주인의 말투는 다르다. 아무런 거리낌 없이 교동말 그대로가 쏟아져 나온다.

나이답지 않게 젊고 고운 모습 때문에 호칭이 애매하다. 그래도 손주를 여럿 두었으니 할머니라고 부르는 것이 자연스럽다. 가장 자연스러운 이야기가 나올 수 있도록 가족에 대한 이야기, 음식에 대한 이야기를 유도해 본다.

봄에? 여그서는 흔히 저기 이른 봄에는 인제 이 명일만 쇠마는 시근치, 시근치 밭에다가 뿌리구. 뿌려서 해서 길러서 나물 해 먹구. 또 봄배추 심엇다가 저렇게 그냥 해서 김치 담가 먹구. 봄무이 심구. 상추 심구. 인저는 저런 걸 많이 하니까 옛날에는 상추만 심어 먹엇는데, 지금은 뭐 양생추, 뭐 저런 거 다 씨앗이 이시니깐, 다 사다 심어서 해 먹어. 뭐 쑥갓이고 뭐, 뭐 근대 뭐, 그런 거 주로 다 심어서 해 먹지 뭐. 지금도 다 모 뭐 놓구서. 음? 민들레? 치커리, 치커리. 그런 거 민들레가 좋이 그러잖아. 다 심어. 우리딜도 갖다 저렇게 심은걸. 민들레 그거 인제 캐다가서는 뿌리할라 캐다가서는 그냥 깨끗이 시쳐서 그늘에다가, 그늘에다 말려서 쌂아서 그 물을 먹으만 그거 그렇게 간에 좋대잖아. 깡에 잠깐만 나가만 송두리가 꽉 차.

교동의 말과 강화의 말이 다르면서도 공통점이 있다는 것은 '쇠마는'과 '먹으만'에서 확인된다. 표준어로 한다면 '쇠면은'과 '먹으면'이 되어야 할 것이 강화와 교동에서 이렇게 나타난다. 말과 말을 연결하는 '면'이 이 지역에서는 '만'인 것이다. 그런데 할머니의 이야기 속에서 무엇보다도 흥미로운 것은 여러 가지 채소 이름이다. '무이, 생추, 쑥캇, 민들레, 치커리' 등등이 그것이다. '무우'가 '무이'로 나타나는 것은 주로 황해도 이북 지역이다. '상추'와 '생추'가 왔다 갔다 하는 것도 재미있고 '쑥갓'은 왜 '쑥캇'이 되는지 궁금하다.

그러나 무엇보다도 관심을 끄는 것은 '시근치'다. 자칫 놓칠 뻔했는데 몇 번을 다시 들어봐도 '시금치'가 '시근치'로 나타난다. 어찌 된 일일까? 사실 시금치는 어원이 꽤나 궁금하다. 아무리 봐도 고유어가 아닌 한자어일 듯한데 가져다 붙일 만한 한자를 찾기가 어렵다. 표준어로는 '시금치'이지만 전국의 방언을 뒤져보면 '시근초, 시금채, 시금초' 등도 확인된다. '초'나 '채'는 각각 '草(풀 초)'와 '菜(나물 채)'라는 추정이 가능하다. 문제는 '시'와 '금'인데 아무리 머리를 굴려봐도 한자를 추정하기 어렵다.

그런데 할머니의 '시근치'가 힌트를 제공한다. '근'은 뿌리를 뜻하는 '根(뿌리 근)'인 것이다. 결국 '근채(根菜)' 또는 '근초(根草)'인 것이다. 그렇다면 여러 방언에 공통적으로 나타나는 '시'는 뭐란 말인가? 문헌을 찾아보면 시금치는 한자로 '적근채(赤根菜)'라 쓴다. 결국 '근채'는 확인이 되는데 '적'과 '시'의 관계가 문제가 된다. 한자 그대로 뿌리가 붉은 채소라는 뜻인데 붉다는 뜻을 가지면서 '시'로 읽히는 한자는 없다. 뭔가 다른 이유를 찾아야 한다.

해답은 중국어와 한자에 있다. 일찍부터 한자를 받아들인 우리는 한자의 음도 우리말에 맞게 받아들였다. 그 이후 한자로 이루어진 단어는 우리말의 한자음대로 읽는다. 그런데 가끔은 중국식으로 읽기도 한다. 중국에서 물건이 들어올 때 발음도 같이 들어오는 것이다. '赤根菜'를 오늘날의 중국식으로 읽으면 '츠건차이' 정도가 된다. 그런데 중국의 어느 방언에서는 '스건차이' 정도로 발음했던 것 같고, 우리는 이 방언을 쓰는 사람으로부터 시금치와 그 말을 받아들인 결과 오늘날 '시금치'가 남게 된 것으로 보인다. 방언조사를 하다 보면 생각지도 못한 것을 새롭게 알게 되는데 이곳 교동에서 '시금치'란 말의 뿌리를 새롭게 알게 된 것이다.

더 놀라운 것은 '송두리'다. '송두리'는 단독으로 나타나는 일은 없고 '송두리째'와 같이 관용적인 표현에서만 나타난다. 그러니 그 뜻은 사전에도 풀이가 안 되어 있다. 그런데 할머니의 말씀에서 나온 송두리의 뜻은 맥락을 생각하면 바로 알 수 있다. 그리고 여쭤보니 짚으로 짠 바구니를 가리킨다. 다른 지역의 말에서는 송두리째 사라져버린 '송두리'의 정체를 확인하는 순간이기도 하다. 사전에서도 사라진 말이지만 교동에서는 지금도 쓰고 있는 말인 것이다. 방언을 두고 우리말의 보고(寶庫)라고 하는 이유가 여기에 있다.

여기서는 주로 저거야. 배추 김치하구, 하구 인제 저기 있지 그 냥 석박지루두 무이 김치두 담구. 파금치두 허구, 순무 금치 허 구, 그런 거 허는 거지 뭐 주로. 저 아랫녁에선 갓 금치 그런 걸 많 이 허지? 알타리. 그죠. 알타리 김치. 순무 금치, 그냥 또 석박지로 다가 무이 그냥 쩍쩍 뻐글러서 그렇게두 허구. 그리구 파금치두 허 구. 파금치. 주로 여기 시골에선 그냥 그거 허는 거야. 파금치, 머 갓금치 그런 건 안 해. 갓을, 갓을 심엇다가 이제 배추 속 싸는 데다 쓸어넣구 많이 남으만 또 냉중에 쪼끔 또 해보기도 하구. 그르지.

음식에 대한 할머니의 이야기는 끝없이 이어진다. 평생을 가족들을 먹이고, 입히고, 재우는 일에 바쳤으니 이야기의 중심에 음식이 놓이는 것은 당연한 일이기도 하다. '석박지'는 더 여쭤보지 못한 것이 아쉽다. 사전에서는 '섞박지'라고 되어 있는데 아무래도 여러 가지 재료를 섞어서 담근 김치를 뜻하는 듯하다. 보통 '석박지'라 적지만 사전에 있는 대로 '섞박지'가 맞는 표기일 것이다.

더 큰 문제는 '섞박지'란 단어의 구성에 있다. '지'가 김치를 뜻하고, '섞'이 '섞다'와 관련이 있다면 '박'이 문제가 된다. '나박김치'는 재료를 나박나박하게 썰어서 이런 이름이 붙었으니 금세 파악이 되지만 '섞박지'의 '박'의 정체는 알기 어렵다. '박'이 무엇이든 '섞다'에서 유래한 '섞'과 바로 결합되어 '섞박'이 되는 것도 이상하다. 왜 이런 이름이 붙었는지는 좀 조사가 필요하다. 이런 문제는 국어학자보다는 그것을 직접 만들어 드시는 분들이 더 간단한 해답을 주기도 하는데 다음을 기약하는 수밖에 없다.

'김치'는 왜 '금치'일까? 사실 '김치'란 말도 우여곡절이 많은 말이다. 학자들의 설명대로 '침채(沈菜)'에서 왔다면 이것이 '김치'가 되기까지 너무 많은 변화를 겪어야 하기 때문이다. '딤채 〉 딤채 〉 짐채 〉 짐치 〉 김치'와 같은 변화를 겪었다고 보는데 '짐치'가 '김치'로 바뀌는 변화는 조금 드문 변화이다. 그런데 '김치'가 '금치'까지 가는 것은 더 낯설다. 김칫거리값이 폭등하면 가끔씩 '금치'라는 말을 만들어 쓰기는 하지만 그것과는 관련이 없다. 한자 '金'을 보통은 '금'이라 읽지만 성씨로는 '김'이라 읽는 것과도 관련이 없다. 끊임없이 언급되는 음식 때문에 군침이 돌기도 하지만 할머니가 일러주신 음식 이름에 대해 풀어갈 생각에 머릿속에서도 군침이 돈다.

강화도 전체를 조사할 때 교동부터 간 것이 잘한 일인지 아닌지 모르겠다. 그런데 교동에서의 조사는 인천말의 전혀 다른 면모를 보여주었다. 교동은 강화에 속해 있으면서도 강화와 다르다. 또한 인천에 속해 있으면서도 인천과는 많이 다르다. 강화만 하더라도 뭍으로는 경기도 땅인 김포, 개풍과 마주하고 있지만 교동은 황해도 땅과 마주하고 있다. 당연히 황해도의 말이 흘러들어와 있고 더 멀리 평안도의 말까지 해안을 타고 흘러들어와 있다. 행정구역 개편과 함께 교동이 인천에 들어오면서 결과적으로 인천말의 넓이와 깊이가 한층 더해진 것이다.

5. 강화말의 특징

 강화가 행정구역상 인천의 일부인 것은 분명하지만 지리적으로나 역사적으로나 인천과 관련이 크지는 않다. 이러한 이유로 강화를 '애매한 인천'이라 정의할 수 있는데 언어적으로 볼 때 이 정의는 더 큰 설득력을 갖는다. 원인천 지역에 비해 강화는 정체성이 분명하고 언어적으로도 동일성이 잘 파악되는 편이다. 따라서 강화가 인천의 일부라고 하기에는 애매하지만 강화말의 정체성이 애매한 것은 아니다. 강화는 강화도와 교동도 그리고 주변의 섬으로 구성된다. 행정구역 편제는 역사적으로 여러 번 바뀌었으나 경기도 서북부에 위치한 섬이라는 변함없는 속성에 의해 강화말의 특성이 분명히 정리될 수 있다.

 강화말은 중부방언의 일부, 나아가 경기방언의 일부로서 원인천 말과 마찬가지로 경기방언을 기층으로 하고 있다. 음운, 어휘, 문법 전 부문에 걸쳐 살펴볼 때 강화말은 강화가 속한 중부 및 경기방언의 일반적인 특징을 보인다. 그러나 경기도의 서북단에 위치해 있는 섬이라는 지리적 특성으로 인해 외래적인 요소가 많이 나타난다. 위치상으로 황해도와 인접해 있어 황해도를 통해 북부방언의 요소가 유입될 소지가 많다. 또한 섬 지역의 특성상, 거리상으로는 멀더라도 뱃길을 통한 접촉이 잦은 지역의 언어가 영향을 미쳤을 가능성이 크다. 이러한 요인들로 인해 강화말에서는 북부방언의 요소와 충청 서해안 방언, 멀리 서남 방언에서 나타나는 요소가 발견된다.

 강화말은 강화 전 지역에 걸쳐 동일한 음운체계와 음운현상을 공유하고 있으나 외래적인 요소의 유입에 의해 약간의 차이가 나타난다. 자음체계는 중부방언 전체와 일치된 양상을 보이는데 어간말자음에서는 매우 특이한 양상이 나타난다. 선어말어미 '-았/었-, -겠-'등은 중부방언 전체에서 모두 'ㅆ'을 말음으로 가지고 있다. 그러나 강화말 중 교동말에서는 유독 어간말에서 'ㅆ'이 나타나지 않는다. 어간말에 'ㅆ'이 나타나지 않는 것은 평안 방언의 특징인데 이러한 양상이 황해도를 거쳐 강화말에까지 영향을 미치고 있는 것으로 보인다. 그러나 그 영향이 강화 본도에까지는 미치지 않아 다른 지역의 강화말에서는 어간말에 'ㅆ'이 나타난다.

강화말은 10개의 단모음을 모두 가지고 있으며 지역에 따라서도 큰 편차를 보이지는 않는다. 국어의 여러 방언에서 모음의 차이는 심한 편인데 가장 문제가 되는 것이 '에'와 '애'의 구별, 그리고 '위'와 '외'의 단모음 여부이다. 강화말에서 '에'와 '애'는 완전한 대립을 이루고 있고 지역이나 화자에 따라서도 거의 차이를 보이지 않는다. 그리고 '위'와 '외' 또한 단모음으로 나타나고 있다. 그러나 '위'와 '외'의 실현 양상은 매우 복잡한 편이다.

■ 강화말의 모음체계

이 i(이: i:)	우 ü(우: ü:)	으 i(으: i:)	우 u(우: u:)
에 e(에: e:)	오 ö(오: ö:)	어 ə(어: ə:)	오 o(오: o:)
애 ɛ(애: ɛ:)		아 a(아: a:)	

조사된 지역의 화자 모두가 '위'를 단모음으로 발음할 수 있지만 단어에 따라서는 이중모음 wi나 uy로 발음하기도 한다. 또한 wi에서 활음이 탈락해 '이'로도 나타난다. '위'가 이중모음 'wi'로 나타나는 것이나 '이'로 나타나는 것은 '위'의 변화과정에서 일반적으로 나타나는 것이고 경기방언에서도 흔히 관찰되는 것이다. 그러나 하향이중모음 'uy'로 나타나는 것은 충청 서해안의 특징인데 강화말에서 이러한 특징이 나타나는 것이다. 이에 대한 해석은 두 가지가 가능하다. 강화말에서 독자적으로 일어난 '위'의 변화 양상으로 보는 것, 혹은 외래적인 요소의 유입으로 보는 것이다.

　　'외' 또한 조사된 모든 지역의 화자가 단모음으로 발음할 수 있다. 그러나 이중모음 '웨'로 실현되거나 활음이 탈락하어 '에'로 나타나는 경우도 많다. 이것은 경기방언 전체에 걸쳐 나타나는 특징이기도 하다. 강화말에서 '위'와 '외'의 실현에서 이처럼 혼재된 양상이 나타나는 것은 독자적인 변화의 결과라기보다는 외래적 요소의 유입 때문일 가능성이 크다. 특히 '위'가 하향이중모음으로 실현되는 것은 충청 서해안의 특징이고 충청 서해안이 뱃길로 강화와 통하기 쉽다는 점에서 이러한 추론이 가능하다.

　　음운현상은 경기 및 중부방언 전반과 대체적으로 일치하지만 비모음화가 매우 활발히 나타난나는 것은 주목할 필요가 있나. 강화말에서 'ㅇ'이 모음 사이에 놓일 때 약화되는 동시에 주변의 모음을 비모음으로 바꾸거나 이후에 비음성이 아예 탈락되는 양상이 나타난다. 이러한 비모음화는 경기방언의 다른 지역에서는 잘 발견되지 않는다. 'ㅇ'의 비모음화 양상이 북부방언에서 활발하게 나타난다는 점을 고려하면 강화말에 나타나는 비모음화는 북부방언의 영향을 받았을 가능성이 크다.

강화말의 어휘는 대체로 경기방언의 것과 일치되지만 일부는 강화말에서만 발견되거나 다른 방언의 것이 산발적으로 나타나는 특징을 보인다. 강화말에서만 발견되는 어휘는 강화가 경기 서북부에 위치한 섬이라는 특성 때문에 나타나는 것으로 볼 수 있다. 강화가 육지와 매우 가깝고 크기도 큰 섬이지만 도서 지역의 언어의 특성도 함께 가지고 있는 것이다. 강화말에서만 나타나는 고유한 어휘적 특성은 인근의 다른 섬과 비교 대조를 통해서 더욱 분명히 확인될 수 있을 것이다.

강화말에서 산발적으로 발견되는 다른 방언의 어휘는 강화의 지리적 특성을 반영한 것으로 보인다. 강화는 경기의 일부지만 황해도를 비롯한 북부 지역과 가까운 편이다. 더욱이 뱃길로는 북부 지역과의 소통이 더 활발했다는 점을 고려하면 북부방언의 요소가 산발적이나마 유입될 수 있는 것이다. 또한 뱃길로 서해의 해안이나 도서와 소통이 활발할 수 있다는 점에서 서해의 다른 지역 방언이 유입되기도 쉽다. 따라서 강화말에 나타나는 어휘적 특성은 강화의 독특한 지리적 위치에 기인한 것으로 설명할 수 있다.

강화말은 문법적인 면에서는 별 특징을 보여주지 못한다. 강화말의 전형적인 특성으로 일컬어지던 '-겨, -꺄, -시겨, -시꺄' 등은 지금은 거의 나타나지 않는다. 토박이들끼리의 자연발화나 관용표현에 화석처럼 나타나기는 하지만 일상적인 대화에서조차 잘 나타나지 않는 것이다. 강화말의 주요 특징으로 일컬어지던 것이 오늘날에는 거의 나타나지 않는 것은 강화말이 속해 있는 경기방언 또는 표준어의 영향으로 설명될 수 있다.

강화는 비록 경기의 서북쪽에 위치한 섬이지만 육지와도 매우 가깝다. 그래서 강화 토박이들은 인천은 물론 경기의 다른 지역과 자유로이 내왕할 수 있다. 더욱이 표준어의 근간이 된 서울과 매우 가깝다. 따라서 강화 토박이들이 표준어의 영향을 받을 가능성은 매우 크다. 경기방언의 한 하위 방언이자, 서울과 매우 가까운 위치의 강화에서 고유한 문법형태소를 쓰는 것에 대한 부담 때문에 고유의 문법 형태소를 표준어의 것으로 대치한 것으로 보인다. 나머지 문법적인 요소는 경기방언 또는 표준어의 것과 대체로 일치한다. 이러한 점은 강화말이 경기방언의 일부라는 점을 뒷받침하는 증거이기도 하다.

강화말의 첫 번째 특징으로는 인천말과 마찬가지로 중부방언 중 경기방언의 하위방언이란 점을 꼽을 수 있다. 강화가 '애매한 인천'이기는 하지만 보다 큰 범위에서 지역을 살펴보면 같은 중부방언, 그리고 그 하위방언인 경기방언에 속해 있기 때문에 원인천 말과 공유하는 요소들이 많을 수밖에 없다. 그러나 원인천 말에 비해 강화말은 서울말과의 유사성은 덜한 편이다. 이는 지리적으로 서울에서의 거리가 더 멀고 독자적인 지역 특성을 이어왔기 때문으로 해석할수 있다. 원인천에 비해 지역적 정체성이 분명하고 외래 인구의 유입도 적었기 때문에 언어적 정체성을 유지하기 유리한 상황이다.

강화말의 두 번째 특징으로는 인접한 육지 및 뱃길을 통해 먼 지역으로부터 유입된 외래적 요소가 많이 나타난다는 점을 지적할 수 있다. 인접한 지역으로부터 방언이 유입되는 것은 자연적인 현상이다. 그러나 경기의 서북부에 위치한 강화말은 경기도 북쪽에 위치한 황해도 말의 영향을 받았다는 점에서 유입된 요소가 더 특이하게 느껴진다. 황해도와 가장 인접해 있는 교동은 물론 강화도 전체에서 황해도 방언의 요소들이 많이 발견된다. 특히 강화말의 특징으로 오래전부터 언급되어온 어미 '-겨, -꺄, -시겨, -시꺄' 등은 교동은 물론 강화 전 지역에서 쓰이던 것이었다. 그러나 오늘날은 북쪽 지역과의 교류가 끊기면서 이러한 요소들이 많이 사라지고 있는 상황이다.

강화말의 세 번째 특징으로는 강화말의 전형적인 특징이 사라지고 상대적으로 빠르게 표준어 또는 원인천 말이 유입되고 있다는 것을 꼽을 수 있다. 고유한 방언이 사라지고 있는 것은 비단 강화뿐만 아니라 전국적으로 나타나는 현상이다. 그런데 강화는 수도권에 인접해 있을 뿐만 아니라 행정구역상 인천으로 편입되면서 인천과의 교류가 매우 잦아졌다. 이 과정에서 자연스럽게 표준어 및 원인천 말이 유입되고 있다. 원인천의 말이 서울말 혹은 표준어와 유사하기 때문에 특별한 인식 혹은 거부감 없이 자연스럽게 유입되는 것이다. 더욱이 분단으로 인해 북부 지역과의 교류가 끊기고 뱃길을 통한 교류가 상대적으로 적어지면서 강화말이 가지고 있는 고유한 속성이 희석될 수밖에 없는 상황이 되었다.

강화말의 고유한 속성이 사라지고 있다는 것은 방언을 대하는 전통적인 태도에 기인한 것이다. 원인천 말과 마찬가지로 오늘날의 강화말이 어떤 모습을 보이든 그것이 강화말이란 사실은 변하지 않는다. 방언을 대하면서 무언가 특이한 것, 표준어와 다른 것을 찾고자 한다면 그러한 것들이 잘 보이거나 들리지 않을 수 있다. 그러나 전통적인 특징들이 사라져가는 상황 속에서도 강화말의 특징은 현재까지도 분명 나타나고 있다. 교동말에서 받침의 'ㅆ'이 'ㅅ'으로 나타나는 것은 화자들도 잘 인식하지 못하는 것이기에 언어 형성과정에서 'ㅆ'이 아닌 'ㅅ'으로 굳어진 이들은 쉽사리 고치지 못한다. 연결어미 '면'을 '만'으로 하는 것 또한 화자들이 인지하지 못하는 것이기에 여전히 도드라지게 들린다. 시간이 더 지나 이러한 요소들마저 사라지더라도, 또 새롭게 형성되는 강화말의 특징들이 있을 것이고, 그것이 결국 강화말의 정체성일 것이다.

4부

인천
연안도서의 말

1. 세 가지 색 인천 연안도서

코미디언 고 서영춘이 1960년대 '원자 폭소 대잔치'라는 프로에서 유행시켜 아직도 인천 하면 많은 사람들의 머릿속에 떠오르는 구절이 있다.

"이거다 저거다 말씀 마시고/ 산에 가야 범을 잡고 물에 가야 고길 잡고/ 인천 앞바다에 사이다가 떴어도/ 고뿌 없이는 못 마십니다"

이 구절을 듣고 웃지는 못하더라도 왜 하필 '인천 앞바다의 사이다' 인가에 대해서는 많은 이들이 궁금증을 가질 만하다. 그것은 '인천의 성냥공장' 만큼이나 유명한 인천의 사이다 공장 때문이다. 최초의 사이다 공장이 들어선 것도 인천이고 전국적인 인기를 누리던 '스타 사이다'가 만들어졌던 곳도 인천이다. 많은 이들의 관심은 '사이다'에 끌리지만 인천말을 논하는 자리에서는 '인천 앞바다'에 초점이 맞추어 질 수밖에 없다. 인천 앞바다는 어디를 가리키는가, 인천 앞바다는 어디까지인가 등이 그것이다. 인천은 서해와 인접해 있고, 큰 항구를 끼

| 스타 사이다 광고

고 있지만 인천에서 탁 트인 바다를 직접 보기는 쉽지 않다. 따라서 어디를 인천 앞바다라고 해야 하는지, 어디까지를 인천 앞바다라고 해야 하는지 분명하지 않다.

그래도 분명한 것은 인천 연안에는 많은 섬이 있다는 사실이다. 가깝게는 코앞의 영종도가 있고 조금 아래로 영흥도와 덕적도가 있다. 그리고 아주 멀게는 백령도와 연평도 등의 서해5도가 있다. 이 섬들을 인천의 일부로 다루는 것은 순전히 행정구역 때문이다. 인천 광역시가 성립되면서 강화군은 물론 옹진군의 여러 섬들이 인천에 속하게 되었다. 그리고 멀리 황해도 앞바다에까지 펼쳐져 있는 섬들을 옹진군으로 묶었으니 자연스럽게 먼바다의 섬들도 인천에 포함되었다.

원인천 지역을 '가까운 인천'으로 이름 지었으니 이 섬들은 상대적인 개념인 '먼 인천'으로 이름 지을 수 있다. '먼 인천'은 물리적인 거리에 의한 것이기도 하고 심리적인 거리에 의한 것이기도 하다. '먼 인천'이 가리키는 지역은 본바닥 인천에서 거리상으로 떨어져 있고, 바다로 둘러싸여 있는 섬이기 때문에 심리적으로도 떨어져 있다. 강화도도 마찬가지의 거리가 느껴지기는 하나 이미 '애매한 인천'으로 따로 다루었기 때문에 그 나머지 지역은 '먼 인천'으로 묶어 다룰 수 있다.

'먼 인천'은 그 거리에 따라 다시 두 부류로 묶을 수 있다. 말 그대로 인천 앞바다의 영종도는 행정구역상으로도 인천시 중구에 속해 있다. 옹진군에 속해 있는 나머지 섬 중에서 남쪽의 비교적 큰 섬인 덕적도와 영흥도의 거리도 가까운 편이다. 이에 비해 연평도, 대청도, 백령도 등은 거리가 꽤 멀다. 따라서 앞의 세 섬은 '조금 먼 인천'이라 할 수 있고 뒤의 세 섬은 '아주 먼 인천'이라 할 수 있다. '조금 먼 인천'은 다른 말로 하면 '인천 연안도서'라 할 수 있고 '아주 먼 인천'은 '인천 원해도서'라 할 수 있다.

'조금 먼 인천' 혹은 '인천 연안도서'의 언어를 논하기 위해 영종도, 덕적도, 영흥도 세 섬을 조사지역으로 선정하였다. 영흥도는 육지와 연결되는 다리가 놓여 안산시에 속해 있는 대부도와 바로 연결된다. 그런데도 행정구역상으로는 인천에 속해 있으니 조사대상으로 삼을 만하다. 덕적도는 거리상으로는 충청도와 가까울 수 있으나 섬과 육지를 이어주는 배가 인천을 오고 가니 굳이 행정구역 때문이 아니더라도 인천과 연관성이 매우 크다. 이 세 섬은 인천을 가까운 바다에서 둘러싸고 있을 뿐만 아니라 섬의 크기와 거주 인구를 보더라도 조사 대상 지역으로 삼기에 적절하다.

영종도는 행정구역상으로 인천광역시 중구에 속한 섬이다. 이 섬의 옛 이름은 '자연도(紫燕島)'로서 제비가 많은 섬이라 하여 이러한 이름이 붙여졌다. 조선 시대에는 남양부 소속의 영종진이었다가 1875년 인천부로 이속되었다. 그 후 1914년에 부천군으로 편입되었다. 1973년에는 옹진군으로 편입되었다가 1989년 인천광역시 중구

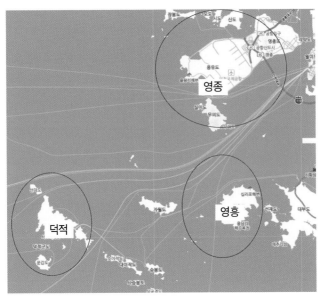

| 인천 연안도서의 조사 지점

로 편입되어 현재에 이르고 있다. 인천국제공항 건설로 인해 매립이
진행되어 면적은 60㎢ 이상으로 늘었으며 인구도 급격히 증가하였
다. 서쪽과 서남쪽으로 신도, 시도, 삼목도, 용유도, 무의도와 마주
하며, 삼목도 및 용유도와는 연륙도로로 이어져 있다.

2001년 3월 29일 인천국제공항이 개항되어 영종도와 수도권을
연결하는 공항전용 고속도로가 뚫렸다. 또한 2009년에 인천대교가
개통되어 인천시와도 직접 연결되었다. 공항 개항과 전용고속도로,
인천대교의 개통 등으로 영종도는 섬으로서의 특성이 많이 사라지
고 있다. 공항 개항 이후 인구가 급격히 증가하고 생활 편의를 위한
각종 시설이 들어서고 있으며 학교도 많이 늘었다. 공항 개항 이후

영종도는 급격한 변화를 겪었기 때문에 언어적으로도 변화가 나타날 가능성이 높다. 공항 개항 이전에는 농업과 어업을 주로 하는 지역이었고, 전통적인 마을도 잘 유지가 되었으나, 개항 이후에는 외부인이 많이 유입되었고, 서비스업도 급격히 늘어났다. 이러한 이유로 이 지역의 토박이를 찾기가 점점 어려워지고, 언어적으로 고유한 특성이 점차 사라지고 있다.

덕적도는 행정구역상으로 인천광역시 옹진군에 속한 섬이다. 덕적군도에서 가장 큰 섬으로 인천에서 남서쪽으로 77㎞ 해상에 위치하고 있다. 덕적도라는 이름은 '큰 물섬'이라는 우리말에서 유래한 것으로, 물이 깊은 바다에 있는 섬이라는 뜻이다. 1486년 인천도호부에 이속되었으며, 1914년 부천군에 편입되어 면사무소를 개설하였다. 1973년 7월 1일 옹진군에 편입되었다가 1995년 행정구역 개편에 따라 경기도에서 인천광역시로 통합되었다. 섬 전체가 매우 가파른 산으로 되어 있어 농경지는 전체 면적의 10% 미만에 불과하지만 개펄이 발달되어 바지락·굴·김 등을 양식한다. 한때는 수산자원이 풍부하여 연평도 조기 어장의 전진기지로 이용되었으나 현재는 해산물 외에 산더덕·흑염소·포도·칡엿·표고 등의 지역 특산물을 많이 생산하고 있다.

덕적도는 서해 뱃길의 요충지였으며 파시(波市)로도 유명했다. 이 때문에 충청도와 전라도 등의 외지인들도 이 섬에 정착해 사는 경우도 많았다. 한국전쟁 중에는 황해도 사람들이 대거 이곳으로 내려와 정착하여 조기잡이 어업에 종사하였다. 60년대까지 절정기를 이루던 조기잡이가 어려워지자 많은 이들이 덕적도를 떠났지만 지금도 황해도 출신의 주민이 꽤 남아 있다. 50분이면 쾌속선으로 육지와 연결될 수 있지만 아직도 섬 고유의 특성을 잘 유지하고 있다. 덕적도는 육지에서 꽤 멀리 떨어져 있을 뿐만 아니라 어업을 주로 하는 섬이기 때문에 섬 지역의 고유한 언어적 특성이 나타날 가능성이 크다. 더욱이 서해 어업의 전진기지이자 한국전쟁 이후 황해도 지역의 어민이 대거 정착한 지역이기 때문에 황해도 말의 영향도 많이 나타날 수 있다. 토박이들 중에도 본래 경기도 출신과 충청도 출신들이 많아 경기방언 및 충청 방언의 영향이 어떻게 나타나고 있는가도 주목해 볼 필요가 있다.

영흥도는 행정구역상으로는 인천광역시 옹진군에 속해 있다. 인천에서 남서쪽으로 29.6㎞ 떨어진 곳에 위치한 영흥도는 영흥도의 주도(主島)로서 동쪽에 선재도와 대부도, 북쪽에 무의도, 서쪽에 자월도가 있다. 2000년에 선재대교가 개통되어 선재도가 대부도와 연결되었고, 2001년 선재도와 영흥도를 잇는 영흥대교가 개통되어 영흥도는 육지와 바로 연결되었다. 신석기시대의 조개무지와 빗살무늬 토기 등 원시 농업의 흔적이 보이는 것으로 보아 일찍부터 사람이 거주했음을 알 수 있다. 1018년 수주에 속하였다가 뒤에 인주에 편입되었다. 조선 시대에는 남양부에 속하였고, 1914년 3월 1일 경기도 부천군에 소속되었다. 1973년 지금의 옹진군에 편입되었다가 1995년 인천광역시로 통합, 편입되었다. 영흥도는 비교적 육지와 가깝고 주민 대부분이 농업에 종사하고 있기 때문에 섬 지역의 언어적 특성이 비교적 덜 나타날 가능성이 있다. 인천이 아닌 경기도 지역과 인접해 있고, 충청도와도 가깝기 때문에 인접한 지역의 언어가 어떤 영향을 미쳤을지 주목해 볼 만하다.

이 지역의 제보자는 조사지로 선정된 세 지역의 특성을 고려해 선정하였다. 공항 개항, 연육교 건설, 외지인의 유입 등 세 지역은 모두 급격한 변화를 이미 겪었거나 겪고 있다. 이러한 이유로 각 지역의 전통적인 방언이 유지되기 어려운 상황이다. 따라서 이러한 변화의 영향을 가장 적게 입은 제보자를 선정하였다. 덕적도에는 한국전쟁 이후 황해도 출신의 주민이 대거 이주해 살고 있으므로, 덕적도 토박이는 아니지만 황해도 출신의 제보자도 선정하여 조사했다

2. 영종도 토박이의 말

자고 일어나니 하룻밤 새 유명인이 되어 있더란 말이 있듯이 어느 날 갑자기 하루아침에 전 국민의 입에 오르내리게 된 섬이 하나 있다. 그 이름은 영종도, 인천항에서 빤히 보이는 섬, 크기로 치면 우리나라에서 일곱 번째로 큰 이 섬은 과거에는 전혀 시선을 끌지 못했다. 큰 섬이긴 하지만 딱히 풍광이 좋은 것도 아니고, 특별한 먹거리나 볼거리가 있는 곳도 아니다. 섬이긴 하지만 육지 코앞에 있으니 마음먹고 떠날 여행지로 택할 만한 곳도 아니다. 그러다 보니 영종도 인근에 사는 사람들이야 이 섬을 알지만 다른 곳에 사는 사람들은 이 섬의 존재를 알지 못했다. 이런 섬에 어느 날 갑자기 국제공항이 들어서게 되어 이름을 떨치게 된다.

인천 인근의 섬들은 대부분 행정구역상 옹진군에 속한다. 그런데

| 영종도 위성사진

영종도는 옹진군이 아닌 인천시 중구에 속한다. 옹진군도 인천광역시 소속이니 결국은 인천의 강역이기는 하지만 '옹진군'과 '인천시 중구'가 주는 느낌은 다르다. 행정구역상으로는 원인천 지역이니 원인천에 넣어야 할 듯도 하다. 그러나 현재 속한 행정구역보다도 섬이라는 특성이 더 중요할 수밖에 없다. 영종도가 인천시 중구에 속하게 된 1939년 이후의 시간보다 훨씬 더 긴 시간 동안 서해의 한 섬으로 자리해 왔으니 옹진군의 다른 섬처럼 연안도서의 일부로 다루는 것이 타당해 보인다.

그런데 영종의 말을 조사하는 데는 또 다른 어려움이 있다. 언어조사를 하기 위해서는 적절한 제보자를 찾아야 하는데 영종에서는 이것부터가 난관이었다. 영종의 역사를 살펴보면 과거에는 영종도, 신불도, 삼목도, 용유도 네 개의 섬이었던 것이 간척과 공항 건설 공사를 통해 하나의 섬으로 된 것이다. 지금도 이 섬들은 지명으로나마 남아 있지만 영종도 내에서 도로를 따라 이동할 수 있는 곳이 되었다.

이렇게 간척사업과 공사를 통해 네 개의 섬이 하나의 섬으로 된 것은 지도상의 변화만을 의미하는 것은 아니다. 그 과정에서 주민의 이합집산이 큰 규모로 이루어졌다는 것이 문제. 대대로 그 땅에 눌러산 토박이를 찾기 위해서는 그들의 터가 오랫동안 큰 변화가 없어야 하는데 영종도는 그런 상황이 아니다. 게다가 공항 개장 이후 외지인들이 대거 유입되고, 새로운 거주지가 생겨나면서 영종도 토박이들도 거주지를 옮기는 일이 잦아졌다. 이래저래 영종도 토박이를 찾기는 쉽지 않은 일이다. 실제로 몇 번을 허탕을 치고, 몇 번을 퇴짜를 맞았다. 시골의 면사무소에 가면 동네 사정을 훤히 꿰고 있는 분이 있어 도움을 받을 수 있지만 동사무소는 사정이 다르다. 마을 사정을 꿰고 있는 이도 드물 뿐만 아니라 선뜻 연락처나 주소를 주지도 않는다.

여러 번의 실패 끝에 찾은 제보자. 65세의 남자분이다. 원칙적으론 60대 이상의 토박이이면 제보자 조건에 맞지만 왠지 꺼려진다. 요즘 65세는 노년층이란 느낌이 들지도 않는다. 그러나 방법이 없다. 연세가 더 드신 분들은 몸이 편찮으신 분들이 많다. 건강한 분들은 무슨 용무가 그리 많으신지 인천이나 서울, 혹은 다른 지역에 출타 중이시다. 다행히 조사에 응해주셨는데 다른 문제가 있다. 슈퍼마켓을 운영하시면서 두부를 손수 만들어 파신다. 하루 종일 슈퍼를 지키며 오는 손님을 응대해야 한다. 조사가 만만치 않은 환경이지만 어렵사리 만난 제보자이니 어떻게든 조사를 끝마쳐야 한다.

| 영종도 제보자 김삼일

이름: 김삼일(남)
조사 당시 연령: 65세(1948년생)
출생지: 인천시 중구 중산동
조사 당시 거주지: 인천시 중구 중산동

콩은 여기다 심지, 어디서 심어. 콩은 다 많이 필요하니깐 사다 쓰지. 콩은 콩을 이렇게 발로 꾹 밟고. 이렇게, 여기다 콩 두 알 세 알 허고, 이렇게. 파는 인제 한 보름쯤 있으면 자라면서 먹는 거지. 비 와서 이거 일찍 서둘러서 심는 거야. 비 온다고 그래서. 비 온다고 그래서 일찍 서둘러 심는 건데 물에다 왜 불려. 말려야지. 말려서 보관해야지.

두부 만드는 것에 대한 이야기로 자연스럽게 시작을 한다. 두부를 만들려면 콩이 있어야 하는데 예전에는 농사를 지었다 하시니 콩을 비롯한 각종 농사일을 훤히 꿰고 계신다. 그런데 이야기가 얼마 진행되지 않아 문제가 발견된다. 방언조사를 왔는데 방언이 들리지 않는 것이다. 그저 서울이나 경기도에 사는 사람 누구한테나 들을 수 있는 말이다. 외지인을 만난 자리이니 딱히 긴장해서 표준어를 쓰려고 하시는 것 같지도 않다. 자연스럽게 나오는 말인데 그냥 표준말이다. 표준말과 다른 것을 억지로 찾으려 해 봐도 '하다'를 '허다'로 하는 것밖에 발견되지 않는다.

어르신은 누가 뭐라 해도 영종도 토박이다. 9대째 영종도에서 살아온 토박이이고, 군 복무기간을 제외하고는 영종도 밖을 나가 본 적이 없다. 그러니 그가 쓰는 말은 영종도 고유의 말이다. 그런데 원인천의 말과 거의 구별이 되지 않는다. 그도 그럴 것이 원인천과 거리가 무척이나 가깝다. 다리가 놓이기 이전에도 가장 많이 접촉을 했던 곳이 인천이다. 원인천 지역과 말이 다를 어떠한 인문지리적 요인도 없으니 말이 다르면 오히려 그것이 이상한 일이다. 거듭 이야기하지만 이것도 방언이다. 표준어와 달라야 방언인 것이 아니라 그 지역에서 쓰는 말 그대로가 방언이다.

그건 보관한 거 갖다 인제 물에다 불리는 거지. 그럼, 그걸 기냥 젖은 걸루 허면 다 썩지. 그걸 그 많은 걸 한꺼번에 다 해? 아니. 삶으면 안 데. 두부는 불려서 갈아야지, 맷돌에다. 지금은 이제 기계 맷돌, 기계 속에 맷돌이 있어. 끓여. 끓여서 인제 간수를 치며는 순두부가 데는 거야. 순두부를 인제 몽그를 몽그를 순두부가 데면은 그거를 인제 판에 놓고 짜면은 모판 두부가 데는 거지.

억양은 물론 어휘나 문법에서 큰 특징이 발견되지 않는다면 말소리의 특징을 살펴보는 것도 방법이다. 흘려들으면 잘 들리지 않으나 귀를 기울이면 모음이 들린다. 인천의 노년층은 '에'와 '애'를 잘 구별하는 편이다. 그러나 이 어르신은 조금 다르다. '에'와 '애'가 잘 구별되지 않는다. '외'나 '위'도 표준발음과 다르게 발음하신다. 입술 모양이 바뀌지 않고 그대로 유지되어야 하는데 입술 모양이 바뀌니 표준발음은 아니다. 그런데 이 어르신은 더 나아가서 '되다'는 아예 '데다'가 되어 버렸다. '되다'를 '뒈다'라고 하는 것은 표준어를 쓰는 젊은 층에서 자연스럽게 나타나는 현상인데 '뒈다'가 '데다'까지 가는 것은 꽤나 많이 간 것이다.

이러한 발음은 상대적으로 젊은 제보자이기 때문에 나타난 것일 수도 있다. 그러나 단순히 연령 문제만은 아닌 듯하다. 영종도 말 자체의 특성일 가능성도 있다. 토박이말이 잘 유지되고 보존될 수 있는 환경이면, 그리고 자신의 고유한 말에 대한 자의식이 강한 환경이면 대대로 써 오던 그 지역의 말은 쉽사리 사라지지 않는다. 그러나 영종도는 그럴 만한 환경이 아니다. 지역 자체에 많은 변화가 있었고 외지에서 많은 사람들이 들어왔다. 그리고 이 지역 사람들이 외지에 나갈 일도 많아졌다. 이래저래 영종도 고유의 말이 지켜질 만한 환경이 아니다. 어르신의 말에는 연령의 영향도 있지만 이러한 지역적 상황의 영향도 반영되고 있는 것이다.

파를 이렇게 쭉 세우고, 이렇게 세우고. 요 골 다 덮지 말구 반만 이렇게 덮어. 그래야지 파가 자라. 오월에 많이 심지. 이게 이제 씨를 더 일찍 뿌리는 거야. 씨를 뿌려서 요거 이제 실파라고 해갖고 요걸 심으면 이제 큰 대파가 대는 거야. 자라서. 같은 종류야. 쪽파는 이제 다 자라야 요거만한 거. 고 저기 우에 있는 거. 그게 쪽파. 응. 달르지. 사람이 손 없이 몰 해? 발루 해? 그것도 손이 가야 기계로 허는 거지. 인제 금방 커. 근데 이 아니, 고랑에다 이렇게 자꾸만 그 흙을 하면 어떡해. 그 흙을 파서 다시 우로 올려야지, 고랑에 껄. 너무 배다. 너무 배. 나둬, 그냥 심은 건 나두고. 너무 배니까 좀 그렇게 배게 심지 마. 쭈욱 한 줄로 펴. 촘촘하다고. 여기까지 심어야지, 여기 심다 말면은 여긴 머 심으라구. 이 끝까지 심어야지. 끝에다 이력허구 끝까지 심어야지.

영종도에서의 삶에 대한 이야기를 듣고 싶었으나 결국 농사에 대한 이야기로 귀결된다. 밭에 파를 심어 기르는 과정은 여타 지역과 다를 바가 없다. 파를 언제 어떻게 심고 길러야 하는지 크게 대파와 쪽파로 나눠 설명하신다. 아쉽게도 영종도만의 특이한 말투가 나타나지 않는다. 그저 매일 듣는 수도권 일대의 말씨와 무뚝뚝한 말투일 뿐이다. 그렇게 물 흐르듯이 이야기가 흘러가다가 '배다'에 이르러서 잠시 귀가 쫑긋해진다. '배다'는 농사를 아는 사람에게는 흔한 단어이지만 그렇지 않은 사람에게는 낯선 단어일 수밖에 없다. 본래의 뜻은 '물건 사이가 비좁거나 촘촘하다'인데 대개는 농작물을 재배할 때 씨나 모종을 좁은 지역에 너무 많이 뿌려 작물이 촘촘하게 자라고 있을 경우에 쓴다. 흔하게 쓰고, 흔하게 들을 수 있는 말이었는데 농사일과 멀어지다 보니 잘 쓰지 않는 단어가 된 것이다.

농사를 짓게 되면 '배다'와 자연스럽게 짝을 이루게 되는 단어가 '솎다'이다. 좁은 땅에 많은 작물이 자라고 있으면 물, 양분, 햇빛이 모두 부족해 제대로 자라나기 어렵다. 이럴 경우에는 적당하게 솎아 줘야 남은 작물들이 잘 자랄 수 있다. 솎아낸 것들은 대개 여리고 부드러우니 이것으로 적당한 요리를 할 수 있다. '솎다'에서 파생된 '솎아내다'란 말은 언어에 대해서도 많이 쓴다. 언어순화를 논할 때 순수하지 못한 말들을 '솎아내야 한다'고 표현한다. 일제 강점기에 쓰이던 단어, 거칠거나 속된 표현 등이 그렇다. 이런 말들을 적절히 솎아낸다면 순수한 우리말이 잘 자랄 수 있을 것이라는 생각에서 쓰는 말이다.

그런데 영종도에서 쓰던 고유한 말은 과연 어디로 간 것일까? 누군가 솎아낸 것일까? 누군가 솎아내려고 한다면 솎아내야 할 이유가 있어야 한다. 쓰기에 적절하지 않다거나 문제가 있어야 솎아낼 수 있다. 그러나 영종도 고유의 말은 솎아낸 것이라기보다는 뽑아낸 것, 혹은 뽑힌 것이라는 표현이 더 어울린다. 누군가가 일부러 그런 것은 아닐 것이다. 그러나 영종도에서 쓰이던 고유의 말은 어느새 자취를 감추고 밖에서 흘러들어온 말이 그 자리를 차지하고 있다. 오히려 영종도의 말을 솎아내는 것이 나을 법한 상황이 되었다. 영종도 토박이들은 아쉬움을 느낄지도 모르겠다. 영종도 고유의 색깔을 보존하고 싶은 사람은 더 그럴지도 모르겠다. 그러나 그러기에는 영종도에 너무도 큰 변화가 있었다.

하루에 20모, 새벽부터 부부가 매달려서 만드는 두부의 수량이다. 새벽부터 일어나 콩을 삶고, 갈고, 간수를 두어 엉기게 하고, 눌러서

| 손두부

식혜 만드는 수고에 비하면 그 수가 너무 적게 느껴지기도 한다. 하루도 쉬지 않고 매일 만들어야 하는 것도 고역이니 아예 그만둘 법도 하다. 그러나 두부 만들기를 그만둘 생각도 없고, 더 만들 생각도 없으시다. 아직도 어르신 내외가 직접 만든 손두부를 찾는 이들이 있는 한 딱 그분들을 위해 필요한 만큼만 만들 계획이시다. 부모님으로부터 물려받은 것이니 힘이 닿는 한까지 그것을 지켜나가고 싶을 뿐이다. 매일 새벽에 솥에 불을 지피는 이유가 여기에 있다.

어르신의 입을 통해 나오는 영종도 말이나 어르신의 손으로 만들어내는 손두부나 별반 다르지가 않다. 하루의 삶 속에서 쓰는 말 중에 누가 봐도 영종도 말이라고 할 만한 말이 얼마나 있을까? 굳이 영종도 고유의 말만을 써야 할 이유는 또 어디에 있을까? 공장에서 만든 두부들이 쏟아져 나오는 상황 속에서도 어르신이 만든 손두부만을 찾는 이들이 있다. 혹여 다른 두부를 쓰면 귀신같이 그것을 알아 내신 집안 어른의 호통을 듣는 이도 있다. 이런 사람들 때문에 손두 부의 전통이 이어지듯이 누군가 영종도 고유의 말을 고집하는 이들 이 있을지도 모르겠다.

그러나 억지로 되는 일은 아니다. 값이 싸다고, 조리하기에 편하 다고 공장 두부를 찾는 이들을 말릴 방법이 없다. 학교에서 배운 대 로, 방송에서 들은 대로 말을 하겠다고 하는 이들을 말릴 방법도 없 다. 서로 다른 생각들을 가진 사람들이 모여서 마을을 이루고, 서로 다른 말들이 모여 영종도의 새로운 말이 된다. 이렇게 자리 잡은 영 종도의 말이 곧 영종도 사투리가 되는 것이다. 생각해 보면 오늘날 만큼은 심하지 않았겠지만 아주 오래전부터도 영종도의 말은 그렇 게 형성되어 왔다. 섬의 특성상 토박이도 있지만 내적, 외적 요인으 로 인해 들고 나는 사람들도 많다. 지금은 전 세계의 커다란 비행기 가 섬을 드나들고 있으니 말 그대로 걷잡을 수 없는 언어 변화가 영 종도에 일어나고 있는 것이다.

3. 덕적도 토박이의 말

　　덕적도, '德積'이라는 한자대로라면 덕을 쌓아야 갈 수 있는 곳이겠지만 지명에 쓰인 한자는 믿을 수 없을 때가 많다. 덕적도는 인천항에서 배를 타면 한 시간 남짓 걸리는 거리에 있다. 쾌속선 덕분에 시간 거리로는 인천에서 꽤 가깝지만 지도로 보면 그리 가까운 거리는 아니다. 지도상으로는 외려 충청도에서 더 가깝고 그 사이에 놓인 섬을 징검다리 삼아 충청도 땅에 갈 수 있을 것처럼 보이기도 한다. 같은 위도상에 있는 대부도는 육지의 일부가 되어 안산시에 소속되어 있고, 그 사이의 영흥도와 함께 덕적도는 옹진군과 인천광역시에 속해 있다.

　　서해의 수많은 섬에서 경기도와 충청남도의 경계 부분에 위치한

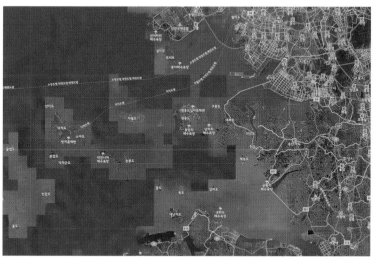

| 덕적도 위성사진

몇 개의 섬 중 꽤나 큰 섬이 덕적도다. 행정구역을 정해야 하는 처지에 있는 이들을 괴롭힐 만한 위치에 있는 섬이다. 같은 위도상의 가까운 육지에 소속을 시킨다면 화성이나 안산에 소속시키면 되겠지만 옹진군으로 묶어 인천광역시에 소속시켰다. 아무래도 섬이다 보니 배로 오가야 하고, 배의 출발지가 인천이니 자연스러운 결과일 수도 있다.

그러나 방언과 관련해서는 다소 문제가 있다. 섬 지역의 방언은 육지와 연계해서 방언권을 가늠한다. 섬과 가까운 뭍을 기준으로 방언구획을 할 수도 있고, 내왕이 많은 지역과 연계해서 방언구획을 할 수도 있다. 섬 지역의 방언구획을 하기 어려운 이유가 여기에 있다. 섬과 육지 사이에는 바다가 가로놓여 있기는 하지만 인근의 뭍과 내왕 없이는 살 수 없는 노릇이니 내왕이 잦은 뭍의 말과 많이 닮아 있을 수밖에 없다. 덕적도의 말 자체도 궁금하지만 덕적도의 말이 어느 지역의 말과 유사성이 있을까 하는 것도 궁금증을 불러일으키는 요소이다.

별다른 정보 없이 무작정 배를 타고 도착한 덕적도. 다들 바쁘시기도 하고 외지인들에 대한 경계심도 있어 적당한 제보자를 찾기가 쉽지 않다. 보통은 면사무소에 가서 도움을 받는데 덕적도는 왠지 관청의 도움을 받고 싶지가 않다. 결국 학부생들을 이끌고 답사를 했었던 북일리로 향한다. 마을로 들어서는 일행을 알아보시는 동네 어르신 한 분, 그런데 이분은 덕적도의 또 다른 면을 보여주시는 분이다. 토박이가 살고 계신 댁을 소개해주시는데 그 말투가 확연히 평안도의 그것과 닮아 있다. 덕적도가 아무리 섬이라지만 그런 평안도 말투가 나타날 수는 없다.

아니나 다를까. 더 자세히 여쭤보니 황해도 황주군 출신이다. 평안도와 바로 붙어 있는 황해도 최북단의 군이니 평안도 말이라 느껴질 법도 하다. 덕적도에서 만난 황해도 사람의 이야기는 잠시 접어두고 어르신의 소개로 덕적도 토박이를 찾아 나선다. 그렇게 마주 앉게 된 김정자 할머니, 할머니라고 하기엔 너무 젊으시지만 역시 달리 부를 말이 없다. 덕적도에 왔으니 당연히 조기잡이에 대한 이야기를 먼저 꺼내 본다.

| 덕적도 제보자 김정자

이름: 김정자(여)

조사 당시 연령: 71세(1942년생)

출생지: 덕적면 북일리

조사 당시 거주지: 덕적면 북일리 507-7

조구 많이 잽힐 땐 뱀자구 동사구 다들 돈 너머 많이 불었지. 근데 그건 옛날 얘기여. 조구 사라지고 나서는 호무로 산밭 일궈서 살었어. 열여섯인가? 응. 근데 인천을 나갔는데 나이가 너머 어리니까는 일자리가 없지. 근데, 아르바이트도 뭐, 지끔이 아르바이트지 옛날에, 그런 게 없잖아. 그랬는디, 우리 이종 사촌 오빠네가 화학 그거 그, 화학 공장, 그 그런 거를 했어, 배달허는, 그거를 해가지구. 거기에 들어가서 그거를 매일 자징거를 타고 댕기메 그 약품을 인제 배달허고

덕적도의 삶과 역사를 논할 때 조기잡이를 빼놓을 수 없다. 만나는 덕적도 사람마다 조기잡이의 전성기 때를 이야기한다. 연평도 조기 어장의 전진기지이자 전국으로부터 몰려온 상인들을 대상으로 한 파시가 열리던 덕적도. 밀려드는 사람들 덕에 술집과 다방이 즐비했고 섬에는 어울리지 않을 것 같던 극장까지 있었던 곳이다. 모든 것이 조기잡이 덕이다. 안강망 어선을 이용한 조기잡이가 성하다 보니 이와 관련된 독특한 어휘들이 생겨났고, 각지의 뱃사람들이 몰려오다 보니 여러 지역의 말이 섞이기도 했다.

'조구'와 '호무'는 본래 '조긔'와 '호믜'였는데, 표준어에서는 '조기'와 '호미'에서 알 수 있듯이 '이'로 바뀌었지만 이곳에서는 '우'로 바뀌었다. '뱀자, 영자, 이자, 동사, 화장' 등은 이곳에서만 통하는 독특한 말이기도 하다. '뱀자'는 '배 임자'의 준말이니 곧 '선주(船主)'를 뜻한다. 다른 곳에서는 준말로 쓰이지 않는 것이 이 지역에서는 준말로 나타나는 것만 보아도 이 말이 얼마나 많이 쓰이던 말인지 알 수

있다. '영자'는 가장 고령인 선원을, '이자'는 두 번째로 고령인 선원을 뜻한다. 그리고 일반 선원은 '동사'라 부르고, 주방 일을 하던 가장 말단 선원은 '화장'이라 불렀다. 이처럼 선원을 부르는 말이 세분화된 것 역시 조기잡이가 발달했던 시대를 투영해준다.

그래도 '잡히다'가 '잽히다'로 나타나는 것, '너무'와 '벌다'가 각각 '너머'와 '불다'로 나타나는 것은 중부방언과 공유하고 있는 특징이다. '먹이다'가 '멕이다'가 되고 '아기'가 '애비'가 되는 것과 마찬가지의 양상을 보이는 것이 '잽히다'이다. 'ㅁ'이나 'ㅂ' 아래에서 '어'와 '오'가 왔다 갔다 하는 것은 중부방언에서 흔하게 발견된다. '살았어'가 아닌 '살었어'는 원인천 지역에서도 나타났던 것으로, 중부방언 전체에 널리 퍼진 현상이다. 적어도 덕적도의 조기잡이와 관련된 독특한 어휘를 빼면 덕적도의 말 또한 중부방언의 일부임을 알 수 있다.

그런데 할머니의 말을 들으면 들을수록 인천과 강화도에서 들었던 말과는 꽤 다르다. 서해안을 타고 내려온 북쪽 지역의 말투가 관찰되지 않을 뿐만 아니라 억양은 충청도의 느릿한 그것과 닮아 있다. 어휘적으로도 경기 이남의 말은 물론 더 남쪽의 충청도와 같은 것들이 많이 나타난다. 젊은 시절 고생했던 이야기를 하면서도 여유롭게 이야기를 풀어나가는 말솜씨 또한 충청도 사람들의 말투와 닮아 있다. '그랬는디'도 '자징거'도 역시 충청도 냄새가 난다. '하다'를 '허다'라고 하는 것은 원인천 지역에서도 마찬가지이지만 훨씬 빈도가 높게 나타난다. 그렇다 이곳 덕적도에서 섬 몇 개를 거쳐 남쪽으로 가면 충청도 땅이다.

옛날엔 여기 이렇게 개울루 좁은 그 인제, 또랑이지, 또랑. 또랑
인데, 그게 이 돌이 장마에 저 위에서 또 또랑이 맥혀 가지구, 여기
가 아주 그냥 다 한 매가 졌어. 이게 다 집이 다 부서지게 됐어. 집
이. 그랬는데, 저짝 집은 갠찮은데, 이 집이 그전에 흑집이었어. 그
니께 물이 들어오면은 흑이, 이, 흑이 물 불으면 다 쓸어내는 거잖
아. 그리니까는 입을 거구 뭐구 먹을 것두 아무것두 생각이 안 나.
그렇다구 애덜을 하낙썩 저짝으로 근너 보내자니 떠내려가면 여기
가 바닷가잖아. 여기가 바닷가잖아 바로. 그럼, 그리니까 죽어두
같이 죽고 살어두 같이 산다구 넷을 다 을싸 안었어. 다 을싸 안구
똑같이 건너갔어.

덕적도의 역사를 대변해주는 조기잡이 이야기와 그에 관련된 말
들을 듣고 싶은데 쉽지 않다. 어떤 이야기로 시작하든 자연스럽게
고생스러웠던 삶에 대한 이야기로 이어진다. 큰비 때문에 집이 무너
져 탈출하는 과정의 이야기도 그렇다. 일찍이 홀로 돼서 여자 혼자
몸으로 자식들을 키워냈으니 그럴 법도 하다. 조기잡이와 관련된 정
보는 얻을 수 없지만 말에 대한 정보는 분명히 얻을 수 있다. 원인천
지역의 말도 강화나 교동의 말도 아니다. 크게 보면 이 모든 지역이
중부방언에 속하니 큰 차이는 없을 수 있다. 그러나 원인천이나 강
화 및 교동에서 발견되었던 특징들이 나타나지 않는다. 경기도 최남
단, 혹은 충청남도 최북단에서 흔히 듣는 말이다. 경기도의 말인지
충청도의 말인지 헷갈리는.
　김정자 할머니를 통해서 얻어낼 수 있는 덕적도 이야기는 한계가

있다. 덕적도 전체의 이야기보다는 개인의 삶에 대한 이야기로 집중된다. 방언학적 연구를 위한 조사에 집중하고 다른 제보자를 찾을 수밖에 없다. 이 순간에 힌트를 주신 분이 바로 황해도 황주에서 온 어르신이다. 사정을 모르면 뜬금없이 들릴 수 있겠지만 덕적도에는 황해도 사람들이 꽤 많다. 가까운 지역 간에 주민들의 이동이 있는 것은 흔한 일이지만 덕적도와 황해도의 거리를 생각하면 상식적으로는 이해하기 어려운 상황이기도 하다.

그 답은 한국전쟁에서 찾을 수 있다. 한국전쟁 시기 많은 황해도 사람들이 연평도로 피란을 갔다. 특히 배를 부릴 수 있는 사람들은 배를 타고 연평도에 머물다가 상황이 좋아지면 다시 황해도의 뭍으로 갈 심산이었다. 그러나 전쟁이 끝나고도 황해도 땅으로 돌아갈 수 없게 되자 연평도의 주민 중 일부는 배를 타고 남쪽으로 향하게 된다. 그렇게 배를 타고 남쪽으로 가다 보면 가장 먼저 만나는 섬이 바로 덕적도다. 당시의 서해 어민들이 잡는 주된 어종이 조기였으니 조기잡이의 전진기지였던 덕적도는 더할 나위 없이 좋은 새 정착지였다. 황해도 사람들은 이렇게 멀리 떨어진 덕적도에 자리를 잡게 된다.

김정자 할머니의 이웃 소금순 할머니는 만나자마자 멀리 황해도에서 덕적까지 와서 자리를 잡게 된 이유를 설명해주신다. 할머니는 황해도 옹진의 거첨 마을에 살면서 배를 부리던 선주의 딸이다. 다들 그렇듯 전쟁을 피해 연평도로 갔다가 덕적으로 오게 된 사연을 말씀해주신다. 전쟁 중 섬의 상황이야 다 어렵겠지만 크지 않은 섬에 많은 사람들이 몰려 팍팍한 삶을 살았던 이야기로 시작이 된다.

| 덕적도 제보자 소금순

이름 : 소금순(여)

조사 당시 연령 : 75세(1938년생)

출생지 : 황해도 해주 거첨

조사 당시 거주지 : 덕적면 덕적북로 430

아버지가 선주고 선장이야. 조기를 말두 못하게 많이 잡었는데 전쟁 나서 연평도로 피란 갔다가 전쟁 끝나만 갈라 했는데 못 갔어. 결국 여기 덕적도로 왔지. 저요? 연평서 살 적에는 피란 나와서 연평, 아유 그때는 뭐 나무가 있나 도무지 뭐, 다들 다 뭐, 굶다시피 덜 하구 먹을 것들이 없이 다 저기 했잖아, 근데. 우리 나는 그르케 굶주리구 살은 것 같지 않어 그때. 넘덜은 그르케 어렵게 살았다는데, 그전에 우리가 저기 그, 쌀을 많이 가지구 나오구, 돈 많이 가주구 나오구 다 그르케 했댔으니까 배루 나왔구. 그니까 육지 사람 저기, 가족 둔 사람이 없지. 그냥 배루 다 나왔으니께.

황해도의 북쪽 지역, 다시 말하면 평안도와 접해 있는 지역에서 온 사람들보다는 덜 느껴지기는 하지만 소금순 할머니의 말은 충청도 말을 닮은 덕적도 토박이의 말과는 확연히 다르다. 덕적도 사람들만 쓰는 '뱀자' 대신 '선주'를 쓴다. '끝나면' 대신 '끝나만'을 쓰는 것도 강화도까지 내려와 있는 황해도 말의 특징이기도 하다. 그러나 의도적으로 황해도 말을 지우려 노력한 흔적이 보인다. 덕적도에 적응해 살면서, 덕적도 사람들과 어우러져 살면서 기울인 노력 덕이겠지만 황해도 말의 흔적을 더 찾는 데는 실패해 아쉽다.

우리 아버지가 그전에 거첨서 동네가 거첨이라는 동네야. 옹진군 무도리라고. 우리 아버지가 선장으루 저기 해가지구 한대. 그 조기 잡으면서 이르케 힘들만 소리하잖아? 서울에 가니깐 우리 아버지 이름 크게 있더라구 그거 뭐야, 그거 문화재 저기가 다. 거기 써 있더라구 나 저번에 가서 봤어. 나 그것도 큰아들하고 큰며느리하고 그냥, 뭐 사러 갔다가서는 그 안에 보다, 다 이르케 저기 겉이 문화, 저기 겉이 해 났어. 뭐야? 그, 그 뭐 다 해 났는데 있잖아. 그런데 해 났는데, 그 테레비두 나오고 다 하드라 그기두. 그런데 들어가니까 우리 아버지 이름이 크게 써 있어. 그래서 아이구, 빨리 와 볼걸. 하하하

할머니의 고향은 '진짜 옹진'이다. 오늘날의 옹진은 인천 서해의 여러 섬을 묶어 인천광역시의 한 군으로 편제되어 있지만 진짜 옹진은 황해도 옹진반도 지역이다. 할머니의 아버지는 옹진군 봉구면 무

도리를 떠나 지금의 옹진군 덕적면 북일리에 자리를 잡았던 것이다. 본래 살던 곳도 옹진이고 지금 사는 곳도 옹진인데 이름만 같을 뿐 전혀 딴 동네이다. 이 지역의 속명인 거첨마을은 영감굿으로 유명한 지역이기도 하다. 또한 배를 부리는 사람들의 뱃노래도 유명하다. 할머니의 아버지는 뱃노래를 잘하셔서 문화재로 등록이 됐는데 정작 딸은 그 사실을 모를 정도로 팍팍한 삶을 살아오신 듯하다.

할머니의 말씀을 들으면서 황해도 말의 자취를 찾으려 해 보지만 쉽지 않다. 그나마 계속 귀에 들리는 것은 '힘들만'에 포함된 '만'이다. 사실 할머니는 당신이 덕적도 사람들과 같은 말을 쓰고 있다고 믿으신다. 1938년에 태어나셨으니 한국전쟁이 끝난 후 덕적에 정착했을 때의 나이가 열다섯 정도이다. 이 정도 나이면 고유한 방언이 완전히 형성되고 남을 나이다. 그런데 할머니는 덕적에 정착하고 난 이후 알게 모르게 황해도의 말을 버리고 덕적의 말을 배운 듯하다.

잠시 고향을 떠나 연평에 머물다 전쟁이 끝나면 돌아가리라 생각했을 것이다. 전쟁이 끝나도 고향으로 돌아갈 수 없자 덕적으로 오면서도 머지않아 고향으로 돌아갈 수 있으리라 믿었을 것이다. 할머니의 아버지는 그렇게 믿으며 고향의 뱃노래를 부르다 결국은 고향 땅을 다시 밟지 못하고 돌아가셨다. 할머니는 아버지와 생각이 달랐던 듯하다. 할머니의 말씀처럼 덕적을 제2의 고향으로 생각하고 계시기 때문에 고향에 대한 기억에 매달리기보다는 새로이 정착하게 된 땅에 적응하는 것이 우선이었다. 아버지와 달리 고향에 돌아가야 할 이유가 많지 않았던 할머니에게는 당연한 선택이었다. 고향으로 돌아가는 것이 당위가 아닌 상황이니 고향의 말을 지켜야 할 어떠한 의무도 없다. 오히려 덕적 사람들과 같은 말을 쓰면서 그들과 어울려 사는 것이 급선무였다.

그럼에도 불구하고 '만'은 지우지 못하고 계신다. 아니 인식하지 못하기 때문에 지우지 못하는 것이다. 단어는 쉽사리 대체할 수 있고, 문장의 끝머리에 나타나는 어미도 인식하기 쉽기 때문에 노력만 하면 바뀐다. 그러나 '면'과 같은 연결 어미는 의식을 하고 들어야만 들린다. '만'에 황해도 말의 자취를 남기고 있는 할머니마저 당신이 '면'을 '만'으로 하고 있는 것을 모르시고, 주변의 분들도 그것을 전혀 눈치채지 못하고 계신다. 결국 마지막 잎새처럼 남았던 '만'마저도 후손들에게는 전해지지 않는다. 그리고 자연스럽게 새롭게 살게된 그 지역의 말에 흡수되어 버린다.

덕적도에 황해도 사람들이 많이 와 있지만 이것이 덕적도의 말에 많은 영향을 미친 것으로 보이지는 않는다. 언어의 접촉이 있으면 늘 서로 영향을 주고받으며 변화가 일어나기 마련인데 덕적에서 이루어진 언어의 접촉은 상호 대등한 관계에서 이루어진 접촉이 아니다. 덕적 사람들의 필요에 의해 황해도 사람들과의 접촉이 이루어진 것이 아니라 황해도 사람들이 덕적에 유입되면서 언어 접촉이 이루어졌다. 황해도로부터 많은 사람들이 왔지만 덕적의 조기잡이가 쇠퇴하면서 또 많은 사람들이 덕적을 떠났다. 결국 몇 남지 않은 사람들은 덕적에 동화되어 살아가야 하는 상황이 되었다. 그 과정에서 말 또한 자연스레 덕적에 동화되는 것은 당연한 일이기도 하다.

아이, 뭐 기억날 걸 어뜨케, '어그양 대차' 하면서 인자 끌어 올리는 거야, 그게. 저 그 저, 뭐야 저기, 인천 월미도 가서 그때 그, 한참 어부들이 할 적에 그거 가서 하는데, 다 우리둘 다 갔댔지. 다 가서

다, 우리 아버지가 제일 최고로 저기 했댔었는데, 돌아가시니까 저기 했더라구. 돌아가셨어. 누구 뭐 이어 받았으면 우리 큰 동생더러 이어 받으라니껜 또 안 한다 하니간 또 날더러 하다가 또 나, 아유 나가 어떻게 허냐고 안 한다고 허니간, 그냥 저기 하니간 없어지구 말었지. 그때 누가 이여 받았으면 그거 문화회관 가서 배우고 하면 저기 허는데 그게 노래꺼정 다 그냥 소리, 적어줘서 적어서 하라는 걸 안 했어. 그때만 해두 우리 시어머니가 계시니까 이게 다 시집살이하는 저기니간, 예, 인지만, 인지 같으면 따라가서 배왔을 거야.

이어지는 할머니의 이야기도 아버지에 대한 이야기다. 그런데 아버지에 대한 이야기 끝자락에서는 아버지의 뱃노래를 계승하지 못한 아쉬움을 표출하신다. 남동생이나 할머니 모두 뱃노래를 계승할 의지가 없었다. 노래를 잘하지 못해서 그런 것일 수도 있지만 진짜 이유는 다른 데 있다는 것이 충분히 짐작된다. 뱃노래는 그저 노래가 아니라 노동요이다. 즉, 일할 때 힘을 덜고 합을 맞추기 위해 부르는 노래다. 배를 부려 고기를 잡을 때 이 노래가 필요한데 배를 타지 않는 사람들에게는 이 노래가 의미가 없다. 뱃일을 하면서 자연스럽게 배우는 것이 뱃노래인데 배를 타지 않는 사람들은 배울 기회도 없다. 그렇게 뱃노래도 사라져 가고 황해도의 말도 사라져 갔다.

소금순 할머니의 아버지가 배를 부렸다기에 뱃일, 특히 조기잡이에 관한 이야기를 기대했지만 역시 무리였다. 조기가 자취를 감춘 이후 포구를 가득 메웠던 배들도 모두 떠났다. 조기잡이가 한창일 때는 마을에 가설극장도 있었고, 포구를 빙 둘러가며 술집이 있었지만 지금은 그 흔적을 찾을 수 없다. 배도 떠나고 사람도 떠나게 되니 그 시절의 이야기를 증언해 줄 사람을 찾기가 어렵다. 덕적도를 지키고 있던 이들마저 세월을 따라 저세상으로 가버렸으니 더더욱 그렇다. 결국 어휘와 관련된 조사만 하고 바다와 관련된 이야기, 특히 조기잡이와 관련된 이야기는 여러 경로로 수집한 자료로 대신할 수밖에 없다.

덕적도는 민어와 조기 파시가 열릴 만큼 어업이 발달한 섬이었다. 어업이 발달하려면 배, 어구뿐만 아니라 물, 기후, 날씨에 대해서 잘 알고 있어야 한다. 이러한 이유로 섬이나 육지의 어항 지역에는 이와 관련된 어휘가 매우 잘 발달되어 있다. 특히 바람과 물은 이들의 생사와 직결된 문제이기 때문에 매우 세분되어 나타난다. 어업과 관련된 덕적도의 어휘는 일찍이 조사가 되었다. 특히 바람과 물때는 어로는 물론 뱃사람들의 생사와 직결되어 있기 때문에 매우 세분되어 있다. 덕적도의 바람 이름은 다음과 같다.

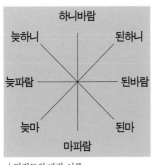

| 덕적도의 바람 이름

동풍 : 된바람   서풍 : 늦파람

남풍 : 마파람   북풍 : 하니바람

남동풍 : 된마   남서풍 : 늦마

북동풍 : 된하니   북서풍 : 늦하니

육지에서는 동서남북의 방위와 그 사이의 방위에 따라 바람에 이름을 붙이기는 하지만 위와 같이 각각에 고유의 명칭을 부여하지는 않는다. 육지에서는 바람의 종류나 방향이 그리 큰 영향을 미치지 않지만 섬에서의 생활, 특히 어업에서는 방향과 세기가 중요하기 때문에 이러한 양상이 나타나는 것이다. 바람의 이름을 나타내기 위해 쓰인 '마, 하니, 된, 늦' 등은 다른 지역에서는 잘 확인되지 않는 용법이다.

조수와 간만 또한 어업에서 매우 중요한 요소이기 때문에 각각의 날짜에 따라 고유한 이름이 붙어 있다. 덕적도의 조수 이름은 다음과 같다.

초하루	여섯물, 여섯마, 여섯맛날	**초여드레**	아치조금
초이틀	일곱물	**초아흐래**	무시
초사흘	여덜물	**열흘**	한물
초나흘	아홉물, 아움마, 사리, 大潮	**열하루**	든물
초닷새	열물	**열이틀**	시물
초엿새	두게끼	**열사흘**	니물
초이레	두게끼, 조금, 小潮		

육지에서는 한 달 단위의 '월력(月曆)'이 중요하지만, 섬과 해안에서는 달의 공전에 따라 한 달이 가는 것뿐만 아니라 달의 인력에 의해 조수가 달라지니 육지와는 달리 이러한 조수의 이름이 세분화되어 남아 있는 것이다. 조수 또한 어업에서 필수적인 조건이라 자연스럽게 매일매일의 조수에 이름을 붙였다. 이러한 덕적도의 고유한 조수 이름도 오늘날은 아는 이가 많지 않다. 덕적도의 어업이 지금

까지도 성했다면 이 말들도 전승이 되었을 텐데 어민의 수도 줄어들고 덕적도 어민만의 자부심도 사라진 상황에서 이러한 말들이 고스란히 남아 있기를 기대하기는 어렵다.

배를 부려 물고기를 잡기 위해서 배와 각종 어구에 관련된 어휘와 표현이 발달하게 된다. 배와 어구와 관련된 용어는 다른 어촌에서도 쓰이지만 덕적도에서 조사된 것을 보이면 다음과 같다.

야가릿대(양아릿대)	뱃머리의 작은 돛대
이물대	뱃머리의 큰 돛대
허릿대	중앙의 돛대
이굴돛	이물대에 다는 돛
용종줄	돛대의 꼭대기에서 가로 내린 두 줄
아뎃줄	돛의 방향을 잡는 작은 줄
상활	돛의 상변에 가로지른 나무
질활	돛의 하변에 가로지른 나무
활대	돛의 중간을 가로지르는 나무
무잠	줄 끝에 납을 단 수심 측정 기구
물수알	식용수통
조리통	급수기
마개	그물의 권상기(捲上機)

덕적도의 말을 좁은 지면에 모두 소개하는 것은 불가능하다. 그러나 덕적도의 말이 다른 지역과 확연하게 구별되는 특이한 말이 아니라는 것은 분명하다. 한국어, 더 좁게는 중부방언의 한 하위방언이기 때문에 덕적도 말 대부분은 한국어의 일반적인 요소를 공유하고 있다. 결국 덕적도 말의 이모저모는 이러한 공통성에 바탕을 둔 채

다른 지역에서 발견되지 않는 독특한 말에 초점을 맞출 수밖에 없다. 특정한 말을 쓰는 주민의 입도(入島) 시기, 출신 지역, 직업 등과 관계없이 이들이 현재 덕적도에 살고 있고 이들의 말이 덕적도에서 쓰이고 있다면 그것은 결국 덕적도의 말이다.

다음에 제시되는 말은 다른 지역에서는 거의 발견되지 않는 것들이다.

죄못, 죄칼	굴을 따는 도구	골	해저의 깊은 곳
풀, 풀등	얕은 바닷속에 있는 모래섬	여	암초
구적	굴 껍질	글바탕	바위로 된 해저
감예	바닷물이 나간 상태	앙참	대조(大潮)
농지다	고기를 전혀 못 잡다	갬번	해변

'죄못, 죄칼' 등은 인천의 섬 지역에서 널리 사용되는 도구의 명칭이다. 바위에 붙어 있는 굴 껍질은 물론 바위에서 따낸 굴 껍질 모두를 뜻하는 말인 구적 또한 인천의 섬 지역에서 널리 사용된다. '풀, 풀등'은 이러한 지형이 나타나는 곳이 덕적도 인근밖에 없기 때문에 다른 지역에서는 전혀 쓰이지 않는 말이다. '감예'도 밀물과 썰물의 차이가 큰 지역에서는 흔히 쓰일 법한 말인데 다른 지역에서는 보고된 바가 없다. '농지다' 또한 어업과 관련된 단어여서 어촌 지역에서 널리 쓰일 만한데 다른 지역에서는 보고되지 않았다. 바다와 관련된 각종 어휘는 바닷가나 섬이 아니면 발달하기 어렵다. 다음의 예들은 다른 어촌지역에서도 발견이 되지만 형태가 조금씩 다른 바다 관련 어휘들이다. '골, 바탕' 등은 육지에서 다른 뜻으로 쓰이는데 덕적도

에서는 바다의 지형에 대한 용어로 쓰이고 있음을 알 수 있다.

덕적도가 뱃길의 요충지이고 주변에 어장이 발달해 있기는 하지만 덕적도 어업에서 안강망 어선을 언급하지 않을 수 없다. 안강망을 이용한 어법은 일본을 통해 들어온 것인데 덕적도에 이르러 가장 활발하게 활용되었다. 안강망을 이용한 어업이 발달하고 여기에 필요한 배와 어부들이 덕적도에 집결하게 됨에 따라 이와 관련된 다양한 독특하고도 다양한 어휘들이 나타나게 되었다.

뱀자, 배임자	선주	동사	일반 선원
건뱀자	가선주로서 항선을 맡은 사람	화장(火匠)	주방 선원
작사	해변에 있는 주막	두짓잽이	사궁의 봉급
쌈판	상구선, 상고선	짓반잽이	영자의 봉급
영자	선원 중 최고령자	한짓잽이	동사의 봉급
이자	선원 중 두 번째 고령자		

선주를 '배 임자'라 하는 것은 고유어로 바꾼 것일 뿐이기에 매우 흔하게 쓰이는데 '뱀자'로 줄어든 것은 다른 지역에서는 발견되지 않는다. 선주와 뱃사람들의 숫자가 많아지고 각각을 구별되게 부르면서 자연스럽게 줄임말이 쓰이게 되었고 '건뱀자'라는 복합어로도 쓰이게 된 것으로 보인다. '작사' 또한 그 실체는 물론 해당 어휘도 다른 곳에서는 발견되지 않는다. 유동인구가 충분하지 않으면 해변에 주막이 차려지기는 어렵다. 그러나 덕적도에 수없이 많은 사람이 몰려들게 되면서부터 다른 곳에서는 찾아보기 어려운 형태의 주막인 '작사'가 차려지고 새로운 이름까지 붙게 된 것으로 보인다. 안강망 어선의 선원과 봉급에 대한 여러 용어는 심마니들의 은어처럼 특

정 집단에서만 극히 제한적으로 쓰이는 것이다. 덕적도가 안강망 어선의 집결지가 되다 보니 이러한 은어가 상대적으로 널리 퍼지게 된 것이다.

이상과 같은 독특한 어휘들이 덕적도 말의 특징을 보여주기도 하지만 여러 지역에서 흘러들어온 말이 융합되는 양상 또한 덕적도 말의 특징을 잘 나타내 준다. 다음에 제시되는 어휘들은 덕적도에 나타난 언어의 융합 현상을 잘 보여준다.

바대	바다(海)	농에	농어
니알	내일(來日)	가남쇠	나침반
너물	나물	했으라우	했어요
조구	조기	했간디	했나?
민에	민어		

위의 예들은 충청도와 전라도 말의 특징을 보여주고 있다. '바대, 니알' 등은 주로 충청도와 전라도의 서해안에서 많이 나타나고 있다. '너물'은 아래아(ㆍ)가 'ㅓ'로 바뀐 사례로서 역시 충청도와 전라도의 서해안에서 많이 나타난다. 물고기 이름은 전라도 말의 특징을 잘 보여준다. '조구, 민에, 농에' 등은 모두 전라도 해안에서 많이 발견되는 것들이다. '가남쇠'는 표준어의 '가늠하다'의 전라도 방언형 '가남하다'가 포함된 단어다.

이러한 어휘보다 몇몇 어미는 더 특이한 양상을 보여준다. '-으라우, -간디' 등은 주로 전라도에서 쓰이고 충청도에서는 일부 지역에서만 쓰이는 어미다. 그런데 덕적도에서도 이러한 어미가 나타나는

것이다. 이러한 어미가 이른 시기에 입도한 주민의 말에서 유래한 것
인지 최근에 거주하기 시작한 사람들의 말에서 유래한 것인지 알 수
는 없으나 덕적도 말의 일부를 이루고 있다. 이와 같이 충청도 및 전
라도에서 주로 나타나는 어휘와 어미가 덕적도에서도 나타난다는 것
은 덕적도가 남쪽의 여러 지역과 뱃길로 잘 통해 있었음을 보여준다.
　다음의 어휘들도 주로 남부방언에 나타나는 것들인데 덕적도에서
도 확인된다.

뉘절, 뉘, 놀	파도의 머리
두지	갑자기 어두워지면서 소낙비가 오는 날씨
하단	상여(喪輿)
홀목	손목

　그런데 이 어휘들은 남해나 제주도에서만 나타난다는 점이 특징적
이다. '뉘'는 전남 강진과 여수에서 확인되고 이와 유사한 형태인 '뉘
이'는 경남 남해에서 확인된다. 또한 '놀'은 고시조에도 나타나기는
하지만 오늘날에는 제주도에서만 쓰이는 것으로 보고되어 있다. '두
지' 또한 오늘날 제주도에서만 쓰이고 있고 이와 비슷한 형태인 '지
지'는 전남 고흥에서 쓰이고 있다. 상여를 뜻하는 '하단'은 제주도에
서 '화단'으로 나타나고 있고, '홀목'은 제주도에서만 쓰이고 있다. 이
처럼 먼 지역에서 쓰이는 어휘가 덕적도에까지 나타나는 것은 일반
적인 방언의 전파로 보기 어렵다. 설사 뱃길을 통한 전파라고 하더라
도 이처럼 먼 지역과의 교류가 일상적인 것은 아니기 때문에 뱃길을
통한 것이라 보기도 어렵다.

이는 결국 덕적도에 집결해 있던 안강망 어선과 그 배의 어부들을 통해서 전해져 남게 된 것일 가능성이 크다. 덕적도 인근의 굴업도에 제주도 해녀들까지 와서 물질을 했던 것을 감안하면 충분히 가능성 있는 것이기도 하다. 이처럼 멀리 떨어져 있는 말이 먼 거리를 도약해 덕적도의 말에 나타나는 것은 덕적도의 말이 얼마나 넓은 범위의 말들로 융합되어 있는가를 보여주는 것이기도 하다.

이상에서 덕적도의 말에만 나타나는 고유한 어휘와 표현, 그리고 먼 지역의 말들이 도약을 거쳐 융합된 예들을 보였지만 이것이 덕적도 말의 본령은 아니다. 다음의 예에서 보듯이 덕적도의 말은 중부지역의 다른 방언과 마찬가지로 중부방언의 특징들을 공유하면서도 이 지역의 차별성을 조금씩 보여주고 있다.

고무래	당그래	대들보	대질보
쇠스랑	소시랑	용마름	곱쎄
호미	호무	낙숫물	국구수락
까끄라기	까락	뒤꼍	뒷두란
머슴	머섭	두레박	디레박
메밀	메물	멱둥구미	맥구리
무말랭이	무:오가리	구레나룻	구룻날
푸성귀	푸성기	휘파람	혜파람
가래떡	갈래떡	목물	등멱
빚다	비진다	회초리	회초루
새알심	동굴레	그리마	섬셈이
가장자리	가생이	쇠비름	세비듬

오늘날의 덕적도는 많이 쇠락한 모습이다. 말도 그렇다. 본래 덕적도 고유의 말이 있었겠지만 조기잡이가 성했던 시절 각지에서 온 사람들의 말이 섞이면서 고유한 특성들이 잘 보이지 않는다. 한국전쟁 기간에 흘러들어온 황해도 말도 지금의 덕적도 말에 녹아들었지만 그 자취가 모호하다. 자취를 감춘 조기 떼가 다시 나타나지 않는 한 덕적도가 예전의 영예를 다시 찾기는 쉽지 않아 보인다. 고유한 덕적도 말을 찾기는 더더욱 어려워 보인다. 그렇더라도 많은 세월이 흐르고 난 뒤에는 지금의 덕적도 말 모두가 결국은 덕적도 말로 여겨질 것이다.

4. 영흥도 토박이의 말

영흥도는 옹진군에 속한 섬 중 백령도 다음으로 큰 섬이다. 크기만으로도 중요한 섬이지만 배를 타고 남쪽에서 인천을 가고자 한다면 반드시 지나야 하는 길목에 있다는 점에서도 중요한 섬이다. 오늘날은 물론 과거 서해를 오가던 모든 배들이 거치거나 스쳐지나가던 섬이 바로 영흥도다. 육지 쪽으로는 대부도가 있지만 이름만 섬일 뿐 이미 육지의 일부가 되어 있고 행정구역상으로도 인천이 아닌 안산에 속해 있다. 인천의 여러 섬 중 영흥도를 낙점한 것은 자연스러운 선택이었다. 영흥도가 바다로 둘러싸인 섬이지만 2001년 영흥대교가 개통되면서 육지에서도 쉽게 오갈 수 있는 곳이 되었다. 화력발전소가 들어서고 많은 이들이 오고 가게 되면서 변화의 물결

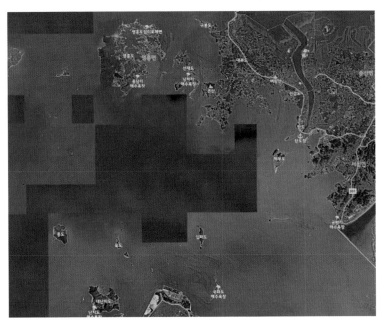

| 영흥도 위성사진

이 감지되고 있지만 그래도 섬의 특성을 잘 유지하고 있다.

섬은 물이 만든다. 바닷물이든 민물이든 땅을 오롯이 둘러싸게 되면 섬이 된다. 섬에 사람이 들고나려면 배를 이용하는 방법밖에 없다. 그러니 육지에서보다 사람들의 내왕이 잦지 않고, 그 결과 고립이 되는 경우가 많다. 말의 변화는 고립된 공간에서도 일어나지만 주변의 다른 말과 교류가 잦을 때 더 급격한 변화가 일어날 수 있다. 섬 지역의 언어가 보수적인 이유가 여기에 있다. 행정구역상 인천에 속해 있는 크고 작은 섬들의 대부분도 마찬가지다. 조기잡이가 성해 전국의 뱃사람과 상인들이 몰려들었던 덕적도라면 모를까 다른 섬들은 조용히 자리를 지키며 그들만의 섬에서 그들만의 말을 유지하고 사는 경우가 많다.

그래도 몇몇 섬들은 오히려 바닷길 덕분에 새로운 길이 열리기도한다. 인천에서 배를 타고 충청도로 가고자 하면 반드시 마주치게되는 영흥도가 그중의 하나다. 인천에서 출발해 뭍으로 난 길로 충청도에 가자면 먼 길을 돌아가야 한다. 어찌어찌 경기도의 남쪽 끝에 다다르더라도 아산만을 건너거나 멀리 돌아가야만 당진이나 서산 쪽으로 갈 수 있다. 그러나 물길은 다르다. 배를 타고 남쪽으로 내리 가다가 영흥도 곁을 지나면 멀리 당진 땅이 보인다. 뭍으로 난 길보다 훨씬 짧고 편리하다. 인천에 충청도 지역 출신이 많은 이유도바로 여기에서 찾을 수 있다. 이 뱃길을 이용하는 사람들 모두가 한번쯤은 봤을 법한 섬이 바로 영흥도다.

영흥의 역사와 삶을 가장 잘 이야기해주실 분을 수소문하다 임윤

| 영흥도 제보자 임윤태

태 어르신을 만났다. 500년 이상 영흥도의 한 지역에서 살아온 가문의 후손이니 토박이 중의 토박이다. 면장을 비롯해 인천의 여러 곳을 다니며 공직생활을 해온 것이 마음에 걸리기는 하지만 나머지 조건을 따져 보면 최적의 제보자이다.

이름: 임윤태(남)
조사 당시 연령: 83세(1931년생)
출생지: 영흥면 내리
조사 당시 거주지: 영흥면 내리

저기 내가 초등학교를 여기 영흥도에서 나왔어. 그때는, 초등학교가 하난데. 에 우리 집에서 초등학교 갈래면은 어 한 시간 한 십 분 내지 이십 분을 가야대. 그런디 그렇게 먼 길을 육 년 동안 댕겼어. 이, 육 년 동안 댕겨야 졸업허잖어. 뭐 그것도, 그거는 뭐 허, 혈 때도 있고 안 헐 때도 있거나 그렇게 문제가 되는 건 아니고. 하튼 뒤게 열심히 댕겼어. 댕겨서 인제 졸업허구, 그때에 여기서 이제 유학을 가는 거여 인천으루. 인천이 여기서 인제 에, 갈, 지끔은 저, 육지허구 연결이 돼서 뻐쓰루 댕기지마는, 그 당시는 충남에서 인천 가는 여객선이 댕겼어. 지끔은 다 저기 서해고속도로로 해서 당진 머 여기 다 가지마는, 옛날에는 당진 군포 이런 데서 배를 가지고 다 여길 거쳐서 인천을 갔어.

초등학교를 졸업한 1930년대 후반, 중학교를 가야 하는데 자연스럽게 '유학'을 해야 하는 상황이다. 이왕 가야 하는 유학이니 어디로

든 갈 수 있지만 당연한 듯이 인천으로 유학을 떠나게 된다. 영흥도를 지나가는 배들이 모두 인천으로 향하고 있으니 그 뱃길만 따라가면 닿게 되는 곳이 바로 인천이다.

뱃길을 따라 사람만 오가는 것은 아니다. 사람을 따라 말이 오가는 것이 당연한데 어르신의 말에서는 남쪽의 냄새가 강하게 난다. 남쪽의 냄새라 하면 경기도의 남부, 혹은 충청도의 북부의 말에서 나는 냄새를 가리킨다. 원인천 지역에서 시작해 강화와 교동의 말을 먼저 살펴보았을 때는 북쪽에서 내려온 말의 흔적이 먼저 감지되었다. 그런데 영흥의 말에서는 원인천, 강화, 교동 등에서 느껴졌던 북쪽 지역의 말의 특성은 전혀 발견되지 않는다. 뱃길을 통해서 말이 오가기는 하지만 인천을 기준으로 해서 원인천까지 북쪽 말의 특성이 내려왔다면 반대로 원인천까지 남쪽 말의 특성이 올라간다고 볼 수도 있는 것이다. 덕적의 말과 마찬가지로 영흥의 말에서는 충청도 말의 냄새가 강하게 난다.

'하다'는 모두 '허다'로 나타난다. '으로'는 '으루'로, '고'는 '구'로 나타난다. 대부분의 경기도 사람들이 그렇듯이 자신들은 서울말, 혹은 표준어를 쓴다고 믿고 있지만 그들의 말을 잘 들어보면 구석구석 이런 요소들이 발견된다. '거야'가 아닌 '거여'와 '하잖아'가 아닌 '허잖어'는 또 어떤가? 충청도와 인천을 잇는 뱃길의 사이에 있는 섬이니 이 지역 말에서 충청도 말의 냄새가 강하게 나는 것은 당연한 일이기도 하다. 행정구역만 보면 인주(仁州), 부천 등에 속해 있다가 오늘날 인천광역시에 소속되어 있지만, 가까운 육지 쪽을 보면 안산에 속해 있는 대부도와 화성시에 속해 있는 땅들이 가깝다. 당연히 말도 인천의 말보다는 경기 남부의 말과 가까울 수밖에 없다.

그래서 인제 우리 핵교, 인제 한 학급이 여기 육 학년 졸업 인제 한 학기, 한 학급, 그거 한 학기, 한 학년에 한 학급이야. 육 학년이 니께 육 학급백에 읊었지. 그래서 인제 그중에서 중학교 가는 사람이 한 열 명. 열 명 정도 돼. 근데, 그중에 나도 인제 한 사람으로 유학을 가서, 어 중고등학교를 마치고. 어. 내가 인제 처음에 국민핵교 거기 된 게 중학교는 인천 영화 중학교라고 있어. 거기를 중학교 졸업하고, 인천 고등학교를 들어갔어. 인천 고등학교 삼 년 졸업허구서는 에, 내가 대핵교를 못 갔어. 옛날에 여기서 농사 지어 가지구 공부시키는데 고등학교까지 가는 데두 힘들었어. 힘들었지. 집에서 농사 지어가지구 학비 대구 머 허구.

어르신의 삶에서 인천 유학은 삶의 가장 중요한 순간이었다. 중학교와 고등학교 시절 모두 인천에서 보냈으니 인천에서 보낸 시간도 꽤 긴 편이었다. 그러나 말은 변하지 않는 법. '학교'는 모두 '핵교'다. '국민학교'도 '국민핵교'다. '중학교'와 '고등학교'에서는 '학교'로 잠깐 나타나지만 '대핵교'에서는 '핵교'다. '학교'가 '핵교'가 되는 현상은 자연스러운 현상인데 학력이 높고, 공직생활을 오래 한 사람들은 대부분 '학교'로 고쳐서 말한다. 그런데 어르신은 아무런 거리낌 없이 '핵교'를 쓰신다. '밖에'도 특이하다. '학교'가 '핵교'가 되는 것은 자연스러운 현상인데 '밖에'가 '밲에'가 되는 것은 설명이 잘 안 된다. 그래도 충청도 일원에서는 '밲에'를 넘어서 '밲이'까지 나타나는데 영흥에서도 마찬가지다.

게 내가 그때 나이가 한 사십오 세 고 때 고렇게 뱍이 안됐어. 너무 젊지, 머, 면장 오기는. 나이가 모자라서 못, 오기 젊은 게 아니라. 그때 당시는 면장이 별정직이여. 이런 정식 공무원이 아니구 임시 공무원이야. 그래 가지구 일단은 공직에선 제, 사표를 내고 오는 거여. 그러머는 내가 한 십여 년 동안 거진 공직생활을 하구 관두게 된단 말이야. 면장이 되는 거 와서 뭐 한 삼년이구 이년이구 있다가 관두라 그러면 관, 두는 거거든? 그래서 나는, 뭐 하러해. 갈 이유가 없다. 내가 그래두 지끔 꿈을 가지구 있는 사람인데, 아이 거기 가머는 뭐 몇 년 허머는 인제 공직생활 그만 둬야 되는데. 난 안 간다고. 아 그랬더니, 누가 갈 사람이 없는 거야 여길. 여기 영흥 사람으루서는.

고등학교를 졸업하고 이른 나이에 공무원이 되어 인천의 전 지역을 돌며 공직생활을 했다. 고향을 떠나 여러 지역으로 다니다 보면 말도 변하기 마련이다. 그런데 어르신은 어디를 가든 영흥의 말을 그대로 가지고 다녔던 듯하다. 조금 아까 '뱍에'고 나타났던 말이 곧 '뱍에'까지 나타난다. '그러머는, 가머는, 허머는' 등등에서는 모두 '면'이 아닌 '먼'이다. 강화와 교동에서는 '만'으로 나타났던 것이 영흥에서는 모두 '먼'으로 나타난 것이다. '먼'가 '만'은 말 그대로 '아'다르고 '어' 다른 말일 뿐이다. 이렇게 놓고 보면 표준어의 '면'이 더 낯설기도 하다. 다른 지역에서는 '믄, 문' 등으로까지 나타나니 이중 모음이 쓰인 '면'이 오히려 특이한 것일 수도 있다.

어르신의 말 구석구석에서는 영흥의 말, 더 정확하게 이야기하지만 충청도의 냄새가 배어있지만 어휘 면에서는 영흥 고유의 말이 잘 느껴지지 않는다. 오랜 세월 영흥면장을 비롯해 강화, 옹진 등에서 공직생활을 해온 경력 때문일 수도 있다. 하지만 오래 묵은 기억들을 되살려 들려주는 영흥도의 옛말들을 수집할 수 있었다. '당그래'는 표준어로 하자면 '고무래'다. '당그래'는 전라도 이남에서 주로 나타나는 말이니 뱃길을 타고 꽤나 북상해 있음을 알 수 있다. 표준어로는 '까끄라기'라 하는 '꺼럭'도 충남에서 주로 쓰이는 말이다. 영흥도로 이어진 뱃길을 감안하면 충분히 이해가 되는 말이다.

그런데 '허수아비'를 뜻하는 '쩽애'에 이르러서는 난감해진다. 그나마 유사한 '정이, 중애' 등이 함경도와 평안도에서는 발견되는데 다른 지역에서는 유사한 사례를 찾을 수가 없다. 뱃길을 타고 전해진 것이라기에는 거리가 너무 멀다. '김장'을 뜻하는 '긴장'은 경상도에서 주로 나타나는 말이니 더더욱 이상하다. 좁은 섬에서 너무도 먼 곳의 말들이 나타난다. 영흥도 말이 본래 불분명한 정체성을 가지고 있었던 것으로 보기는 어렵다. 그러나 여기저기 먼 곳의 말이 뒤섞이는 것이 섬의 말의 특성이기도 하다.

영흥도에 놓인 다리는 영흥도에 뱃길이 아닌 새로운 길을 만들어 줬다. 오늘날 영흥도의 상징이라 할 수 있는 화력발전소 건립과 함께 놓인 선재대교와 영흥대교가 그것이다. 섬과 육지 사이에 다리가 놓이게 되면 섬은 섬이되, 길은 육지의 길과 연결되니 더 이상 섬이 아닌 상황이 된다. 2001년에 놓인 이 다리의 영향으로 영흥도의 말에 더 많은 변화가 나타났을 가능성도 있다. 그러나 20년이 채 안 되는 기간 동안 그렇게 많은 변화가 일어났다고 보기는 어렵다. 결국은 영흥도 말 잘 자체가 경기 남부의 말과 충청도 말이 뒤섞인 가운데 다른 지역의 말들을 널리 받아들였다고 볼 수밖에 없다.

5. 인천 연안도서 말의 특징

인천이 옹진군을 품으면서 옹진군에 인천 앞 서해상에 널리 흩어져 있는 100개의 섬이 인천의 섬이 되었다. 이 섬들은 인천이기는 하되 지리적으로나 심리적으로 다소 떨어져 있기 때문에 '먼 인천'으로 정의되었다. 이 중에서 상대적으로 가까운 영종도, 덕적도, 영흥도의 말을 살펴보았는데 이 세 섬의 말은 큰 범위에서는 하나의 방언으로 묶이되 세부적으로는 차이가 발견된다. 비록 세 섬이 옹진군의 여러 섬 중에서 인천과 가까운 편이고 인천과 긴밀한 소통을 하는 지역이지만 거리상 서로 떨어져 있는 편이어서 세 섬을 완전히 동일한 방언으로 묶기는 어렵다.

세 섬의 말은 모두 중부방언의 하위방언에 속한다. 이는 원인천 지역도 마찬가지여서 커다란 범위 내에서는 세 섬과 인천이 같은 방언권에 속해 많은 공통성을 가지고 있다. 그러나 영흥도는 원인천보다 아래쪽에 위치하고 전통적으로 충청도와 이어진 뱃길의 중간지점이었다. 덕적도 또한 거리상으로 충청도와 가까운 편이다. 이러한 이유로 영종도의 말과 다른 두 섬의 말은 다른 점이 있다. 그야말로 '인천 앞바다'에 있는 영종도는 원인천 말과 많은 유사성을 보인다. 최근 공항 건설에 따라 만들어진 다리로 인해 영종도와 원인천 및 수도권 지역과의 소통도 원활하게 되어 언어적 유사성이 더 많아졌다. 이에 비해 영흥도와 덕적도의 말에서는 충청 방언의 색채가 느껴진다. 이러한 색채는 직접적인 소통에 의한 것이기도 하지만 지역적으로 충청도와 가깝다 보니 자연스럽게 느껴지는 것이기도 하다.

이 지역은 섬들로 이루어졌기 때문에 뭍의 말과 구별되는 특성을 기대할 수도 있다. 섬 지역의 말이 육지의 말과 구별되는 근본적인 이유는 생활상의 차이에서 찾을 수 있다. 즉, 육지에서는 농업을 주로 한다면 섬 지역에서는 어업을 주로 하므로 언어 면에서도 차이가 있는 것이다. 그런데 오늘날처럼 교통, 통신 등이 발달하고 방송이 막대한 영향을 미치는 상황에서는 이러한 생활상의 차이로 인한 언어적 차이를 기대하기 어렵다. 다만 덕적도는 한때 조기잡이의 전진기지이자 큰 파시가 열렸던 섬이어서 어업과 관련된 독특한 말들이 많이 남아 있다. 또한 한국전쟁 이후로 황해도 주민이 대거 덕적도로 이주해 황해도 방언의 요소도 확인할 수가 있다. 결론적으로 원인천 말과 인천 연안도서 말은 같은 언어적 기반을 가지고 있지만 외래적 요소의 유입 여부에 따라 부분적인 차이를 보인다고 할 수 있다.

세 지역에 모두에서 19개의 자음이 확인되는데 이는 국어 전체에서 발견되는 양상이다. 모음은 '이, 에, 애, 으, 어, 아, 우, 오'와 같은 8개의 단순 모음이 확인된다. 젊은 세대 사이에서 잘 구별이 되지 않는 '에'와 '애'도 이 세 지역에서는 완전히 변별된다. 이들 여덟 개의 모음은 특별한 분포의 제약 없이 나타난다.

이 i(이: i:)	으 ɨ(으: ɨ:)	우 u(우: u:)
에 e(에: e:)	어 ə(어: ə:)	오 o(오: o:)
애 ɛ(애: ɛ:)	아 a(아: a:)	

'위'와 '외'는 모두 이중모음으로 나타난다. 이러한 양상은 인천 토박이말과 일치되지만 강화 토박이말과는 다르다. 강화도와 인천 연안도서가 모두 행정구역상 인천에 속해 있기는 하지만 인천 연안도서는 본래의 인천지역과 모음체계가 유사하고 강화만 다르다는 것을 이 예를 통해서 확인할 수 있다. 그러나 덕적도에서는, 드물지만 '위'와 '외'의 일부가 단모음으로 실현되는 예가 나타난다. 나아가 본래 '위, 외'를 가졌던 것이 각각 이중모음 'wi, we'로 나타날 뿐만 아니라 자음 뒤에서 'w'가 탈락하는 예도 많이 나타난다.

음운현상은 국어 전체, 또는 중부방언의 것과 유사하게 나타난다. 중부방언에서 확인되는 음운현상들이 대부분 동일한 양상으로 나는데, 이 지역에서만 발견되는 독특한 음운현상은 파악되지 않는다.

어휘 면에서는 다른 지역에서는 나타나지 않거나 다른 지역과는 다른 독특한 어휘들이 많이 발견된다. 파종을 위해 보관하는 벼의 씨는 '볍씨'가 더 널리 나타나는데 이 지역에서는 두 군데에서 '벼씨'로 나타난다. 또한 '멥쌀'이 아닌 '메쌀'이 나타나고, '차조'의 반사형 또한 '찰조'로 나타나는데 이는 화석형 대신 신형을 쓰고 있음을 보여준다. '고무래'를 뜻하는 '당그래'는 충청 이남 지역에서 주로 발견되는 어형이다. 상대적으로 남쪽에 위치한 덕적도와 영흥도에서 이러한 어형이 나타나는 것으로 보아 이 지역이 남부방언의 영향을 간접적으로 받고 있음을 보여준다. '쩡애' 또한 매우 특이한 어형이다. 이와 유사한 '정이, 중애, 증애' 등은 북부방언에서만 나타난다. 그런데 영흥도에서도 이러한 어형이 발견되는 것은 바닷길을 통해 이러한 말이 전파되었을 가능성을 보여준다.

'김장'의 반사형 '긴장'은 경상 방언에서나 확인되는 어형이다. 충남방언과 북부방언에서는 '진장'이 확인되는데 영흥도에서 '긴장'이 나타나는 것이 특이하다. '갈래떡'은 경기방언에 나타나는 특징적인 어형이다. 영종도와 덕적도 모두에서 '갈래떡'이 확인된다는 것은 이 지역이 경기방언의 영향 하에 있는 지역임을 말해준다. '새알심'의 방언형은 이 지역의 다양한 언어적 특성을 보여준다. '동글레'는 다른 지역에서는 확인되지 않는 어형이다. 평북에 '도구랭이'가 있어 다소 유사하다. '새알시미'는 중부 이남에서 가장 흔하게 나타나는 어형이다.

'휘파람'의 반사형 '헤파람'과 '훼파람'은 모두 함경 방언에서 발견되는 어형이다. 이 지역 모두에서 이러한 방언형이 나타나는 것이 흥미로우나 그 이유를 밝히기는 어렵다. '구레나룻'은 '구룻날'로 나타나는데 이는 다른 지역에서는 잘 확인되지 않는 어형이다. '발또ㅂ'은 '발톱'과 비교할 때 'ㅌ'과 'ㄸ'의 변이를 보여준다. 그리 흔한 현상은 아니다. '발자국'의 반사형 '발자죽'은 남부방언에서 주로 발견된다. 그런데 경기방언을 비롯해 중부방언에서도 나타나지 않는 '발자죽'형이 나타나는 것은 매우 특이한 것이다. '은하수'가 '시냇개울'로 나타나는 것도 특별하다. 은하수의 생김이 '시내'와 유사해 만들어진 것으로 보이는데 '개울'까지 결합한 것이다. '마파람'과 '하네바람'은 섬 지역의 특성을 잘 보여준다.

인천 연안도서 말은 문법 면에서 특이한 사항이 별로 나타나지 않는다. 종결어미는 표준어의 그것과 대부분 일치되고, 높임법의 사용 양상도 표준어와 거의 차이가 없다. 하지만 부사형 어미 '-아'가 나타날 환경에서 '-어'가 나타난다. 표준어에서는 '앉-, 작-'과 같은 '아'말음 어간 뒤에는 '-아'가 나타나는데 이 지역에서는 '-어'로 나타난다. 이는 중부방언 전체에 걸쳐 널리 나타나는 특징이다. 시제 선어말어미 '-겠-'은 '-갔-'으로 나타나는데 이는 인천 및 강화도에서 두루 나타나는 특징이다. 인천과 강화도의 중간에 있는 영종도에서는 '-갔-'이 나타나지만 상대적으로 거리가 먼 덕적도와 영흥도에서는 '-겠-'으로 나타나는 것이 특징적이다. 이는 덕적도와 영흥도가 북쪽 지역의 말보다는 남쪽 지역의 말로부터 영향을 받고 있음을 보여준다.

인천 연안도서 말의 첫 번째 특징 역시 이 지역의 말이 원인천 지역의 말 및 강화말과 함께 중부방언 중 경기방언의 하위방언이란 점을 꼽을 수 있다. 인천 연안도서의 섬이 '조금 먼 인천'이기는 하지만 인천을 비롯한 주변의 뭍과 매우 가까이 있는 섬들이다. 따라서 인천과 그 이남의 경기도 지역과 비슷하게 중부방언의 특성을 공유하고 있다. 모든 섬이 중부방언의 하위방언이기 때문에 원인천 말과도 공통적인 속성을 보인다. 특히 행정구역상으로도 인천에 속해 있는 영종도는 원인천 지역과 거의 차이가 없음을 보여준다.

인천 연안도서 말의 두 번째 특징은 섬의 위치에 따라 영향을 받은 말이 다르다는 사실이다. 영종도는 다른 두 섬에 비해 북쪽에 위치한다. 따라서 원인천 말과 유사하게 서해안을 타고 내려오는 북쪽 말의 영향이 나타난다. 이러한 영향은 원인천 말이 받는 영향과 마찬가지이기도 하다. 또한 상대적으로 서울에 가깝기 때문에 서울말 혹은 표준어와도 상당한 유사성을 보인다. 더욱이 최근에 개장된 공항 때문에 외부인의 유입이 많아지고 외부인과의 접촉도 많아져 이러한 경향이 강화되고 있다. 반면, 비교적 남쪽에 위치한 덕적도와 영흥도의 말에서는 충청도 말의 특성이 상당 부분 인지되고 북쪽 지역의 영향은 거의 나타나지 않는다. 따라서 인천 연안도서의 말은 세부적인 면에서는 차이가 있음을 알 수 있다.

인천 연안도서 말의 세 번째 특징은 섬 지역의 언어가 가지는 특성이 점차 사라지고 있다는 점을 꼽을 수 있다. 바다로 둘러싸여 있는 섬에서는 어업이 주된 생계수단인 경우가 많다. 세 섬 중에서 덕적도는 과거에 조기잡이의 전진기지이자 파시가 형성되는 섬이었기 때문에 어업이 매우 중요시되는 섬이었다. 그러나 조기잡이 어장이 닫히고 많은 배들이 떠남에 따라 더 이상 과거의 명성을 이어갈 수 없게 되었다. 영흥도와 영종도 또한 육지와 다리로 연결됨에 따라 완전한 의미의 섬은 아닌 상황이 되었다. 그 결과 어업이 쇠퇴하고 어로 작업 및 바다와 관련한 말 또한 점점 잊게 되었다. 온전히 바다에 기대어 살 때 바다 및 어업과 관련된 말이 살아남을 수 있는데 상황이 바뀌어 이제는 기록이나 기억 속에만 남는 말이 되었다.

인천 연안도서 지역은 '조금 먼 인천'이고 섬이기 때문에 원인천과 차이가 나는 말, 섬의 특징이 드러나는 말을 기대할 수 있다. 남쪽에 위치한 덕적도와 영흥도는 그 기대에 부응하여 경기도 남쪽 지역의 말의 특성 혹은 충청도 말의 영향을 보여준다. 그리고 과거 어업이 활성화되었던 덕적도는 섬사람들의 삶과 바다와 관련한 말들에 대한 기억과 기록이 남아 있다.

그러나 오늘날에는 인천 연안도서 말의 도드라진 특징을 꼽기는 쉽지 않다. 영종도의 말은 원인천 말과 거의 유사하니 영종도만의 특성을 따지는 것이 무의미할 수도 있다. 덕적도와 영흥도에서 나타나는 경기도 남부 및 충청도 말의 특성은 방언이 가지고 있는 본래 속성이기 때문에 특별할 것이 없다. 덕적도에서는 과거에 어업 및 바다와 관련된 말이 많이 쓰였으나 지금은 거의 쓰이지 않는다. 이러한 상황에 대해 실망하거나 아쉬움을 느낄 수도 있다. 지역적 특성을 나타내는 말, 바다에서의 삶이 드러나는 말이 사라지는 것에 대해서도 같은 느낌을 가질 수도 있다. 그런데 이러한 상황을 뒤집어 보면 인천의 말이 하나가 되어가는 과정으로 볼 수도 있을 것이다.

5부

인천
원해도서의 말

1. 세 가지 색 인천 원해도서

　　서해상의 100개의 섬으로 이루어진 옹진은 지명 면에서는 매우 특이한 지역이다. 오늘날의 옹진은 인천광역시 소속의 한 군이지만 현재의 옹진군 영역 내에서는 옹진이란 지명의 연원을 찾을 길이 없다. 시대의 흐름에 따라 지역의 이합집산과 그에 따른 지명의 변화는 늘 있게 마련이지만 옹진은 유독 특이한 내력을 가지고 있다. 본래 옹진은 황해도의 옹진반도와 그 일대의 섬 지역을 포괄하는 지명이었다. 그런데 분단과 한국전쟁의 과정에서 옹진반도는 북한 땅에 소속되었고, 옹진군에 소속되어 있었던 일부 섬이 남한 땅이 되었다. 이후 남한 땅이 된 옛 옹진군 일부와 부천군 등의 땅을 묶어 다시 옹진군이 된 것이다. 그 후에도 행정구역의 개편에 따라 1989년에는 용유도와 영종도는 인천시 중구로 재편되고, 1994에는 대부도가 경기도 안산시로 편입되는 변화를 겪었다.

　　오늘날 옹진군에는 백령도·대청도·소청도·연평도·우도 등 북한과 인접한 5개의 크고 작은 섬이 소속되어 있다. 이 지역은 위치상으로는 황해도와 인접해 있기 때문에 통상적인 행정구역이라면 옹진군, 나아가 인천광역시에 속할 수 없다. 그러나 한국전쟁 이후 남한의 영토로 편입되면서 행정구역의 편의상 인천에 소속된 것이다. 이 섬들은 '인천 앞바다'의 섬들이 결코 아니다. 인천에서 출발한 배가 드나들기는 하지만 쾌속선으로도 네 시간을 가야 하는 섬이니 인천 앞바다의 섬이라 할 수 없다. 그러나 현재 행정구역상 인천에 속해 있으니 인천의 섬인 것은 분명하다.

지리적으로나 역사적으로나 이 지역은 전통적인 인천 지역과는 이질적이기 때문에 '아주 먼 인천'이라 이름을 지을 수 있다. 원인천과 강화 사이의 거리, 그리고 원인천과 연안도서 사이의 거리를 고려하면 '아주 먼'이란 수식어가 잘 어울린다. 거리가 이렇게 멀기 때문에 언어적으로도 원인천의 말과는 많은 차이가 있을 것으로 예상된다. 섬의 말은 대개 인접한 뭍의 말을 따라가는데 이 섬들이 인접한 육지는 모두 황해도 땅이니 당연한 것이기도 하다.

그러나 현재 행정구역상 인천광역시에 소속되어 있으므로 원해도서 지역으로 묶어 그 언어적 특성을 살펴볼 필요가 있다. 이 지역의 말이 전통적인 인천 지역의 말과 다르다면 구체적으로 어떻게 다른지에 대한 조사와 연구도 꼭 필요하다. 서해5도 중 비교적 면적이 넓고 주민의 수가 많은 섬은 백령도, 대청도, 연평도 세 섬이다. 따라서 '아주 먼 인천'의 말을 조사하려면 이 세 지역을 선정하는 것은 당연한 일이기도 하다. 행정구역 면에서도 그렇다. 백령도는 백령면으로 편제되어 있고, 대청도는 소청도까지 포함해 대청면으로 되어 있다. 그리고 연평도는 대연평도와 소연평도를 묶어 연평면으로 부른다. 세 섬의 구체적 정보는 다음과 같다.

| 인천 원해도서의 지도

　백령도는 인천항에서 북서쪽으로 약 178㎞ 떨어진 서해 최북단의 섬으로서 북한의 장연군에서 약 10㎞, 장산곶에서 15㎞ 떨어져 있는, 북한과 가장 가까운 위치에 있는 섬이다. 본래 황해도 장연군에 속했으나 해방 후 옹진군에 편입되었고 1974년에 대청도와 소청도를 따로 떼어 대청면으로 분리시켰다. 1995년 인천광역시가 성립되면서 인천광역시 옹진군에 편입되었다. 면적이 45.83㎢로서 섬의 규모가 크고 관광지도 여러 군데 있어 찾는 이들이 많으나 남북관계 및 기상조건에 따라 인천을 오가는 배가 영향을 많이 받는다. 다른 지역에 비해 농토가 넓은 편이어서 벼농사도 꽤 많이 짓는다. 어업은 상대적으로 덜 발달해 있어 섬 주민의 60~70%가 농업에 종사하고 있다.

　섬의 주민 대부분은 백령도 토박이이거나 인근 뭍에서 백령도로 건너온 사람들이었다. 그러나 한국전쟁 이후 북방한계선에 인접해 있는 전략적 요충지로서 북한과 늘 긴장 관계를 유지하고 있다. 이런 이유로 섬 인구의 반이 군인을 비롯한 외지인들이다. 본래 황해도 말을 기반으로 한 단일한 언어권이었을 것으로 추정된다. 그러나 외지인이 대거 유입되고, 북한 지역과의 소통이 끊긴 채 유일하게 인천을 오가는 배로만 뭍과 소통을 하다 보니 언어적으로 많은 변화가 관찰된다.

대청도는 인천항으로부터 서북쪽으로 211㎞ 떨어져 있으며 백령도 남쪽으로 12㎞, 옹진반도 서남쪽으로 약 40㎞ 거리에 위치해 있다. 본래 백령도와 함께 황해도 장연군 백령면에 속해 있다가 해방과 동시에 경기도 옹진군에 편입되었다. 1974년 대청도와 소청도가 대청면으로 승격되었고 1995년 행정구역 개편에 따라 인천광역시로 편입되었다. 면적은 12.63㎢이고 700여 가구가 살고 있다. 농경지는 북부에 조금밖에 없어 주민들이 주로 어업에 종사하고 있다. 섬 주민의 구성은 백령도와 별반 다르지 않아서 토박이들과 인근의 황해도 각지에서 온 사람들로 구성되어 있다. 이 섬 역시 전략적으로 중요한 지역이라 군인들과 외지인들이 많이 들어와 있지만 백령도보다는 덜 한 상황이다.

대청도가 규모도 크고 대청면의 소재지이기 때문에 본래 대청도에서 조사를 하려고 했으나 여건상 소청도에서 조사를 했다. 기상 때문에 대청도행이 여러 번 좌절된 상황에서 소청도에 갈 기회가 먼저 생겼기 때문이다. 소청도는 대청도보다 5분의 1 크기의 작은 섬으로서 대청도에서 4.5㎞ 떨어져 있다. 이름에서도 알 수 있듯이 소청도는 대청도의 아우 격이고 나머지 조건은 대청도와 거의 유사하다. 섬 전체가 산지로 이루어져, 160여 가구의 많지 않은 주민들 대부분은 어업에 종사한다. 섬의 전반적인 상황이나 인구 구성이 대청도와 차이가 없고, 언어적으로도 차이가 없어 보인다. 상대적으로 외지인의 수가 적어 소청도 고유의 말이 더 잘 유지되는 것으로 보인다.

연평도는 인천에서 서북방으로 122km 떨어진 곳에 있으며 북한과의 거리는 3.4km로서 휴전선과 접경을 이루고 있다. 장방형의 연평도와 소연평도 2개의 유인도를 중심으로 주위에 30여 개의 작은 섬으로 이루어져 있다. 조선 시대에는 황해도 해주군 송림면에 속해 있다가 1938년에는 황해도 벽성군 송림면에 속하게 되었다. 해방 후에는 경기도 옹진군 송림면이 되었다가 1995년 행정구역 개편에 따라 인천광역시로 편입되었고 1999년에 송림면이 연평면이 되었다. 섬의 크기가 7.0㎢ 정도로 작고 주민들이 거주하는 지역도 좁아 택시는 없고 버스가 유일한 교통수단이다. 평평한 땅이 꽤 있어 주민들은 농업과 어업을 겸하고 있다. 한때 우리나라의 대표적인 조기잡이 어장 중 하나 였지만 지금은 쇠퇴해 꽃게잡이와 굴, 바지락 채취를 주로 한다.

연평도는 위도상으로는 일산이나 북한산 정도로 그리 높지 않으나 북한의 강령반도와의 거리가 12.7km밖에 되지 않는다. 군사적으로 중요한 지역이어서 군부대가 주둔하고 있으며 항시 긴장이 유지되고 있다. 1999년과 2002년 두 번에 걸쳐 북한과의 해전이 있었으며 2010년에 북한의 연평도 포격 사건이 있었다. 연평도 주민은 토박이들과 인근의 황해도에서 온 사람들로 구성되어 있다. 군인 및 군부대와 관련된 외지인 또한 많이 들어와 있다.

이 세 지역의 제보자는 조사지로 정해진 각 지역의 특성을 고려해 선정하였다. 제보자들 모두 여러 세대에 걸쳐 각각의 섬에서 대대로 거주한 토박이들이고 외지 생활의 경험도 거의 없는 이들이다. 주된 제보자는 각 섬의 토박이들로 정했으나 외지인 유입으로 인한 언어 변화 및 의식의 변화를 알아보기 위해 젊은 층의 언어에 대해서도 조사하였다. 또한 외지인의 시각에서 백령도 언어를 어떻게 보고 있는지도 현지의 교사를 통해 조사했다.

2. 백령도 토박이의 말

백령도로 가는 길은 멀기만 하다. 단순히 물리적인 거리만을 말하는 것은 아니다. 새벽에 인천항에 도착해 무작정 기다리다 돌아간 것만 세 차례, 배표가 있어도 하늘과 바다가 길을 열어주어야 갈 수 있는 곳이 백령도다. 가끔씩 남북 간의 긴장 관계가 조성되면 그나마도 갈 수 없는 곳이 또한 백령도다. 어쩌다 보니 백령도와 대청도보다 소청도를 먼저 가보게 된 것이 바로 이런 이유다. 몇 차례 허탕을 친 후 드디어 도착한 백령도의 첫인상, 무엇보다도 넓게 펼쳐진 들, 그리고 거기서 푸르게 자라는 벼들이 '먹고 남는 백령도'의 진면목을 보여준다. 소청도에서 들었던 '쓰고 남아서 소청도, 때고 남아서 대청도, 먹고 남아서 백령도'란 말을 그대로 확인시켜 주었다.

백령도 선착장에 내려 차를 타고 도착한 백령면 면소재지는 예상과는 달리 꽤나 활기찬 모습이다. 섬 특유의 키 작은 집들과 군인들이 주 고객인 지역의 전형적 간판들이 많이 보이기는 하지만 젊은이들은 물론 어린 학생들의 모습은 여느 섬과는 딴판이다. 5천 명이 넘는 주민들, 그중의 반은 본래 백령도에 살던 사람들이고, 나머지 반은 군인을 비롯한 외지인들이니 활력이 넘칠 수밖에 없다.

백령도에서는 면사무소의 도움을 받았다. 면사무소의 직원들은 순환 근무를 하므로 오랫동안 백령도를 지키며 살아온 이는 없다. 그러나 섬 자체가 워낙 좁기 때문에 섬에 대대로 살아온 토박이들은 훤히 다 꿰고 계셨다. 면사무소 직원부터 부면장님까지, 그리고 일을 보러 오신 이장님조차도 모두 단 한 분을 지목하신다. 바로 진촌리에 사시는 박순진 장로님이다. 면사무소에서 받은 번호로 전화를 드렸더니 머릿속에 약도를 친절하게 그려 주시고 집 앞에 나와 기다

| 백령도 제보자 박순진 김수여 부부

리고 계신다. 대대로 백령도에서 살아온 토박이 중의 토박이다. 부인 역시 백령도에서 태어나 어렸을 적 잠깐 평안도 남포에 몇 년 살았다가 다시 백령도로 들어온 토박이다.

이름: 박순진(남)
조사 당시 연령: 85세(1932년생)
출생지: 백령면 진촌리
조사 당시 거주지: 백령면 진촌리

이름: 김수여(여)
조사 당시 연령: 82세(1935년생)
출생지: 백령면 진촌리
조사 당시 거주지: 백령면 진촌리

어서 오너요. 면서기한테 듣긴 들엇어요. 인천에서 오셧다구요. 백령도 말이요? 들어 보시라요. 머 조사할 게 잇갓어요. 우리 옴마 이 때 말은 사토리도 잇고 그랫디, 지끔 말은 머 인천말이나 한가지라요.

그런데 첫인사에서 '오너요'가 들린다. 표준어로 한다면 '와요'라고 해야 하는데 '오너요'라 하는 것이다. 20년 전 충남 태안의 어부에게 처음 들었을 때는 그 지역의 특징적인 말인 줄 알았다. 그리고 15년 후 교동에서 다시 들었을 때는 바닷길을 통해 충청도의 말이 교동까지 흘러 들어간 줄 알았다. 그러나 백령도에서까지 이 말을 들으니 그런 것이 아니다. 어쩌면 북쪽 해안 지역에 나타난 말의 특성이 오히려 충남 해안까지 전해진 것일지도 모른다.

더 놀라운 것은 '들엇어요'이다. 표준어의 맞춤법에 맞게 적는다면 '들었어요'라고 해야 하나 방언의 맞춤법에 따르자면 '들엇어요'가 맞다. 표준어에서는 '듣다'가 '들어'로 활용되니 '들어'가 이상하게 들릴지 모르지만 오히려 이상한 건 '들어'다. '빨래를 걷다, 풀을 뜯다'가 '걸어, 뜯어'가 되니 '듣다'도 '들어'가 되어야 한다. 그러나 '듣다'가 '들어'와 같이 불규칙적으로 활용되는 것이 불만이었을까? 평안도 지역에서는 모두 '듣어'로 활용되는데 그 특징이 백령도까지 나타나는 것이다.

그뿐만이 아니다. '았/었'과 '있다'가 '앗/엇'과 '잇다'로 나타나는 것, '겠'이 '갓'으로 나타나는 것, '그랬지'가 '그랫디'로 나타나는 것 모두 평안도 방언에서 발견되는 특징이다. '그랫디'를 빼면 받침에 'ㅆ'이 안 나타나는 것은 교동과 흡사하다. '겠'이 '갓'으로 나타나는 것은 인천에서도 확인되는 것이다. 물론 인천은 '갓'이 아닌 '갔'이다. 이상할 것도 없다. 백령도에서 뭍 쪽을 바라보면 황해도 용연군이 코앞이다. 연평과 마주한 육지도 황해도 땅이고, 교동과 마주한 육지 또한 황해도 땅이다. 평안도 방언의 특징이 황해도 해안을 타고 내려오면서 마주한 섬까지 모두 영향을 미치고 있는 것이다. '옴마이'도 '사토리'도 이 지역의 말이 황해도 말임을 보여준다. '그랫디'에 나타나는 '디'는 좀 헷갈린다. 정말 완벽하게 '디'라면 평안도 말과 같다. 그런데 이 구절에서만 들리고 다른 데서는 모두 '지'로 나타난다.

왜냐하면 저이들도 백령도로 오면 다 닮아가니까. 이제 이 년 삼 년 살면 다 백령도 사람 되니까. (옛날에는 사투리 많이 썼지 점점 다 세월이 배끼면서 사투리가 점 없어졌지.) 그래도 아직도 많아. (늙은이들.) 내가 볼 직에는 많이 안 쓰는 거 같애도 육지 나가면 바로 첫 마디에 알아들어요. (섬에서 완 줄 알아요.) (그건 원체 써 내려완 말이니까 당연이 쓰는 걸로 알지 부끄럽거나 그건 느끼지 못해요.) 할만네들은 또 심지어는 저 위 할마니들은 아직도 '햇시까?', '인네', '네' 하는 걸 'ㄴ네' 대답하는 걸 '인네'. '아시까?', '잘 잇시까?' (아 '인네' 햇댓어.) 할머니들이 많이 그래.

    * 괄호 안은 부인의 말이다.

    백령도 말에 대해 여쭈니 그 특징을 술술 쏟아내신다. 무엇보다도 백령도 말은 백령도에서 쓰는 모든 말이라는 정의를 내리신다. 굳이 백령도 토박이가 아니더라도 백령도에 들어와 살게 되면 백령도 말을 배우기도 하고 자신의 말을 섞어서 쓰기도 하는데 그것조차도 백령도 말이라는 의견을 말씀해주신다. 수업 시간에 늘 하는 말이기도 하고 인천말에 대해 쓰는 이 책에서도 꼭 하고 싶은 말을 미리 말씀해주신다. 할머니의 말씀 속에 나타나는 '배끼다'는 표준어의 '바뀌다'인데 황해도를 비롯한 북쪽 말에서는 잘 나타나지 않을 법한 말이다. 어렸을 때부터 쓴 말인지 외지인에게서 배운 말인지 알 수 없다. 물론 이것조차도 지금의 백령도 말이다.

    그래도 과거에 썼던 백령도 말에 대해서 기억을 떠올리며 말씀해주신다. 할머니 스스로 그렇게 쓴다고 느끼지 못할 테지만 할머니의 말 속에 나타난 '완'은 소청도 말과 같다. '온'이라고 해야 할 것 '완'이라고 한다. 평안도 말에서는 흔히 나타나는 것이라 보고된 것인데 일대의 말을 보다 넓게 조사해 볼 필요성이 느껴진다. '먼'이 '먼'으로 나타나는 것도 눈길을 끈다. 강화와 교동에서는 '만'으로 나타났던 것인데 외려 더 북 쪽에서는 '먼'으로 나타나는 것이다.

'햇시까, 아시까, 잇시까'는 황해도 말에 대해 이야기할 때마다 늘 언급되는 것이다. 이 어미는 교동과 강화말에서도 나타나는데 그 범위가 꽤 넓음을 알 수가 있다. 그러나 강화나 교동에서 그랬듯이 백령도에서도 이 말을 직접 들을 기회는 거의 없었다. 백령도 토박이 중 나이 드신 어른들끼리 쓰시기는 하는데 일부러 백령도 말을 쓰시려고 할 때나 나타난다. 고향을 떠난 지 오랜 친구들이 길에서 만났을 때 일부러 고향 말을 쓰는 듯한 분위기다. 자연스러운 상황에서 거의 쓰지 않을 만큼 이제는 정말 옛날 말이 되어 버렸다. 대답할 때 쓰는 '네'는 생각지도 못했고, 들었어도 포착하지 못한 말이다. 표기부터 문제가 된다. 말씀하실 때도 '인네, 은네' 등으로 하시기도 하는데 실제 들어보면 'ㄴ네' 정도로 쓰는 것이 더 정확할지 모르겠다. 틀림없이 앞에 'ㄴ'이 겹쳐서 난다. 다른 지역에서는 들어보지 못한 말이다.

여 백령도는 조그만 섬이라도 옛날 조선팔도지 머 지금 십삼도 사람이 백령도에 다 잇어요. 이북 평안도 사람, 제주도 사람, 경상도, 황해도, 강원도 머 백령도에 다 잇어요. 그러니까 머 잡탱이들이 많아요 잡탱이 말하자면. (육이오 때 피란 와 가지구서 여기 머

무르는 사람들이 많으니까.) 피난 와 가지구 옛날에 여기서 만여 명
도 남아 살앗어요 피란민들이. 몇만 명 살앗지 첨에. 전쟁 끝나기
전에 휴전 되문섬 여기 피란민들을 전부 남하시켯죠. 여기 좁아서
대책이 없으니까. 남으로 다들 많이 내려갓죠. (여기 머무른 사람도
많구.) 고향이 가처와서 여기 살다 가서, 머물다 가서 해방되문 가
갓다고.

이야기는 오늘날의 백령도 말이 어떻게 형성되었는가로 이어진다.
한국전쟁 전의 백령도 주민들은 인근의 육지와 섬에서 건너와 오래
도록 뿌리를 내리고 산 사람들이었다. 가까운 황해도로 오가기도 하
고. 인천으로 뱃길이 열리면서 인천으로 오가는 사람들도 있었지만
인구의 이동이 그리 많지 않았다. 그러나 한국전쟁이 발발하면서 북
쪽 땅의 많은 이들이 백령도로 들어왔다. 전쟁이 끝난 후 북녘땅으로
돌아가지 못한 사람들 중 일부는 백령도에 남고 상당수는 먹고 살길
을 찾아서 남쪽으로 떠났다. 이 과정에서 백령도에 타지 사람들이 많
이 섞이게 된다. 장로님의 이야기 속에서 '잡탱이'라고 낮잡아 표현되
기는 했지만 그것이 백령도 주민과 말의 현실이기도 하다.
　전쟁이 끝난 후에도 백령도 말에는 많은 변화가 따르게 된다. 북쪽
깊숙이 올라가 있는 외딴 섬이다 보니 전략적 요충지가 되어 군인을
비롯한 외지인이 많이 거주하게 된다. 오늘날 백령도 인구 중의 반이
이런 이유로 외지에서 온 이들이니 꽤나 큰 변화가 아닐 수 없다. 이
러한 이유로 백령도 말은 말 그대로 '잡탱이' 말이 될 수밖에 없는 상
황이기도 하다. 대도시나 공장지대와 같은 곳에 각지의 사람들이 몰

려들게 마련이지만 대개는 인근의 사람들이 먼저 유입되어 다수를 차지하게 된다. 그러나 백령도는 인근의 외지인들이 유입되기에는 너무 외따로 떨어져 있을 뿐만 아니라 전략적인 요충지여서 각지의 사람들이 몰려들 수밖에 없는 상황이다. 결국 언어 면에서도 각지의 말이 서로 섞여 새로운 말이 형성되어 가고 있다.

이런 여건에서는 대개 표준어가 새로운 언어로 자리를 잡게 된다. 각지의 여러 말이 섞일 때 공통분모가 표준어이기 때문이다. 그렇더라도 결국은 백령도 말이 중심에 놓일 수밖에 없다. 북녘땅의 고향이 '가차와서' 머물고 있는 사람들은 더더욱 자신들의 말과 비슷한 백령도 말을 익히게 된다. 언제든 통일이 되면 고향으로 '가갓다고' 하는 이들이니 더더욱 그렇다. 그러나 종전 이후에 남쪽에서 온 이들은 조금 다르다. 이들은 표준어 기반에 백령도 말 일부를 쓰고 있을 뿐이다. 이들이 백령도를 떠나게 될 때 백령도 말을 가져갈 가능성은 크지 않다.

전에는 할아버지가 '왓시껴'하면 챙피했어요. 짠지떡두 이상했구 짠짠지란 말은 못 알아들었어요. 우린 서울말 써요. 고등학교는 인천으로 갔으면 좋겠어요. 백령도에서 사는 것도 좋지만 섬보다는 육지가 낫잖아요. 저희들은 표준말 써요. 백령도는 다 섞여 있는 거 같애요. 저는 막 표준말 쓴다고 얘길 하는데 어른들은 저한테 너 사투리 억양이 살짝 섞여 있는 것 같다고. 모르겠어요. 그냥 억양이 그렇대요. 할머니 할아버지가 사투리 쓰시면 그러려니 하요. 그냥 사투리 쓰시나 보다. 어른들은 그의 다 사투리 쓰셔요. 할머니나 할아버들은. 저희은 막 '괜찮아'라고 하는데 어떤 어른들은 '괜찮애' 이렇게 하고 '괘않다' 그래요. 어쩔 때는 '하겠어'라고 하는데 어쩔 때는 '하갔어'가 저도 모르게 튀어나와요. '하갔어' 그런 담에 다시 '하겠어' 이렇게 고쳐요.

백령도 말의 변화를 살펴보기 위해 찾아간 백령 도서관에서 만난 중학생 소녀 다섯 명, 처음에는 수줍어하다가 말문이 트이니 서로 앞을 다투어 말을 쏟아낸다. 할머니가 '고구마'를 '지과'라고 해서 못 알아들었다는 이야기, '개'를 '가이'라고 해서 한참을 웃었다는 이야기, 아버지가 외할머니를 '가시오마이'라고 해서 왜 가시가 있을까 궁금했다는 이야기를 들려준다. 자신들과 다른 말을 쓰는 할머니 할아버지가 낯설었지만 그게 백령도 말이라는 것을 알고 정감이 가다가 싫어지기도 한다는 말도 들려준다. 김칫소를 넣은 만두를 자주

| 백령도 짠지떡

보지만 왜 그것을 '짠지떡'이라고 하는지 이해하지 못하고, 짠지를 뜻하는 '짠짠지'는 못 알아듣는 아이가 더 많다.

아이들의 말 역시 '잡탱이 말'이다. 자신들은 표준어를 쓴다고 말하고 있지만 억양은 백령도 억양 그대로다. 특히 백령도 토박이들의 아이들은 어휘나 어미는 표준어이지만 억양에서는 백령도 억양이 확연히 느껴진다. 그리고 아이들이 표준어라고 믿는 스스로의 말도 표준어는 아니다. 어른들이 '괜찮애' 하면 이상하다고 느꼈다고 말하는데 자신들이 '같애요'라고 말하는 것은 인지하지 못한다. '괜찮애'나 '같애요'는 결국 기원이 같은 말이고 나타난 현상도 같은 말이다. 표준말 화자들에게 자연스럽게 섞여 들어간 사투리이니 사람들이 잘 인지하지 못할 뿐이다.

아이들을 만나면서 문득 묻게 된다. 백령도 말은 어디 말인가? 방언학적으로 말하면 황해도 말이다. 본디 황해도 땅이었으니 당연하다. 그런데 지금은 상황이 묘하다. 빤히 마주 보고 있는 황해도는 갈 수 없는 땅이다. 백령도의 모든 길은 인천으로만 통해 있고 인천으로 난 뱃길을 통해 원주민의 수만큼 외지인이 밀려들어 오고 있다. 아이들도 학교에서, 방송에서 표준말을 접하고 있다. 황해도와의 인연은 끊기고 남쪽의 다른 지역들과 접촉을 하고 있으니 황해도 말의 특징은 급격히 사라지고 있다. 이렇게 세월이 흐르면 백령도의 말은 어떤 모습일까? 다시 통일이 돼 북녘땅으로의 길이 열리면 말은 또 어떻게 될까? 백령도에서 인천으로 돌아오는 뱃길이 험했던 만큼 생각의 길도 험했다.

3. 소청도 토박이의 말

　　대청도, 그리고 소청도는 늘 한 덩어리로 이야기하게 된다. 이름도 닮아 있고 거리상으로도 멀지 않다. 크기가 큰 백령도는 백령면으로 따로 구별하고 대청도와 소청도를 묶어 대청면으로 묶으니 더더욱 그렇다. 처음에는 대청도를 조사하려고 했으나, 계획에 몇 번이나 차질이 생겼다. 날짜를 정해 여객터미널에 나가면 하루는 바람 때문에, 하루는 안개 때문에 배편이 취소되어 대청도와는 인연을 맺지 못했다. 그렇게 몇 번 허탕을 치다 다음 기회를 보던 중 가게 된 소청도, 결과적으로는 잘된 일이기도 하다. 두 섬의 위치나 주변의 정황으로 보건대 두 섬의 말이 다를 가능성은 거의 없다. 다만 섬의 풍광, 지형이 조금 다를 뿐이다. 풍광과 지형이 조금 다르니 살아가는 모습도 다르다.

　'쓰고 남어서 소청도, 때고 남어서 대청도, 먹고 남어서 백령도'란 말은 세 섬의 성격을 가장 잘 요약해준다. 누가 처음 만든 말인지는 몰라도 머리글자의 운을 맞춰 만든 말임이 틀림없다. 이 말은 세 섬에 사는 사람들 모두가 아는 말인데 백령도에서는 듣지 못했다. 그도 그럴 것이 소청도 사람들의 자부심이 가득 담긴 말이기 때문이다. 몇 가구 되지 않는 소청도를 집집이 뒤지다가 만나게 된 제보자 어르신 부부는 만나자마자 이 이야기부터 말하기 시작하신다.

| 소청도 제보자 박부연(좌) 김봉춘(우) 부부

이름: 김봉춘(남)

조사 당시 연령: 87세(1929년생)

출생지: 대청면 소청리

조사 당시 거주지: 대청면 소청리

이름: 박부연(여)

조사 당시 연령: 88세(1928년생)

출생지: 대청면 소청리

조사 당시 거주지: 대청면 소청리

순 어업으로만 해가지구서 고기를 많이 잡아가지구 고기를 팔고
그러니까 아무캐도 저기보단 낫다고 봐야지. 백령도는 농사나 지
엇지 이런 머 판매가 없엇단 말이지. 대청도도 논 가지고 있는 사

람들도 잇고, 농사짓는 사람이 좀 많고, 배 가지구 잇는 사람들은 얼마 없구 그랫거든요. 그러니까 고기 잡는데 아무캐도 여그처럼 많이 잡지 못햇으니까 여기가 훨씬 낫다고 봐야지. 그래서 여기 씨구 남는 데가 소청, 대청은 때구 남는 데가 대청 나무가 많아가지고서. 백령도는 농사만 지구 살앗으니까 먹구 남는 데가 백령. 여기 소청도가 가장, 지금 실태조사 해두 소청도 생활이 제일 낫다구 봐야지.

소청도는 고깃배를 부리거나 타는 사람들이 많다. 논을 일구기에는 땅이 너무 좁고 물을 대기도 어렵다. 산자락 여기저기를 개간하여 일군 밭에 보리, 메밀, 고구마 등을 길러 식량으로 쓰지만 그것만으로는 풍족한 삶을 누리기가 어렵다. 그러나 이들에게는 물고기가 지천으로 널린 바다가 있고 그 바다를 누비며 물고기를 잡을 재주가 있다. 과거에는 잡은 물고기를 황해도 연안에 주로 팔았지만 요즘에는 저 멀리 전라도까지 보낸다. 물고기를 바로 돈으로 바꿀 수 있으니 '쓰고 남을' 만큼의 돈이 있다고 자신 있게 이야기하는 것이다.

언어적인 특징을 잡아내야 하는데 어휘나 어미 면에서 특징적인 것이 잘 잡히지 않는다. 갑자기 들이닥친 외지인을 경계해서 그러는 것 같지는 않다. 그런데 교동에서도 들었던 낯익은 것이 감지된다. 받침의 'ㅆ'이 문제다. '지었다, 있다, 했다' 등을 쓰려면 받침에 'ㅆ'을 써야 한다. 그러나 교동과 마찬가지로 어르신의 말씀 속에서는 이것들이 모두 'ㅅ'으로 나타난다. '하겠다'의 '겠'도 '겟'으로 나타나니 결국 받침에 'ㅆ'은 나타나지 않는 것이다. 받침의 'ㅅ'은 평안도 말에서 널리 나타나는 것이니, 황해도 땅을 조사할 수 없는 상황이지만 황해도 일원에서도 역시 평안도와 같은 양상으로 나타나리라 예측할 수 있다.

받침의 'ㅅ'을 제외하고는 특별한 것이 잘 관찰되지 않는다. '쓰다'가 '씨다'가 되는 것은 남쪽에서는 흔한 일이지만 오히려 평안도 말에서는 이러한 현상이 나타나지 않는다. 황해도와 평안도가 가까우니 나타나지 않는 것이 자연스러울 텐데 어르신은 그리 쓰신다. 황해도 말의 특성을 더 찾기 위해서 어르신께 여쭤봐도 그저 옛날이야기만 하신다. 과거에는 '햇시꺄'와 같은 말을 썼지만 지금은 쓰는 사람이 없다고만 말씀하신다. 황해도 말과 소청도 말의 차이를 여쭤봐도 그저 섬사람들 말의 악센트가 세다고만 말씀하실 뿐 구체적인 것을 말씀해주시지는 못한다. 차이를 인지하지 못했다는 것은 결국 큰 차이가 없었다는 뜻이기도 하다.

거 우리 선조들이 그 전에 저기 옹진, 임진왜란 때 거 저기 살아서 피낸 한 데서 아마 거기서 일루 올라와 가지구서 옹진에 거주햇다가서 이 소청도로, 백령도를 거쳐서 소청도로 완 거 겉애요. 다른 지역에서 많이 왔다갓다 하긴 햇는데요 저기 용호도 수산학교 한 이 년 다니구서 육이오 사변 나가지구서 인천으로 와가지구서 인천서 일하구 거게 중학교 졸업햇지요. 거게서 생활 좀 하다 가서 여게 도로 들완 거지요. 수시로 왔다 갓다, 우리가 오십년도에 육이오사변이 낫잖앗어요. 그래 갓다가서 오십년도 구월달, 시월달 돼야서 도루 소청도로 왔으니까 다시 일루 들왓단 말예요. 그러니까 시월달인가 돼서 일루 들왓을 거야 아마. 육이오 때 개들이 왓더랫쇼. 개들이 여기서 한 일 개월간 있다 가서 백령도로 철수해서 올라갓죠.

소청도 주민 대부분이 가까운 황해도 땅에서 온 사람들이다. 어르신의 조상도 옹진반도 어딘가에 거주했다가 임진왜란 이후에 백령도를 거쳐 소청도에 자리를 잡으셨다고 말씀해주신다. 가까이 오갈 수 있는 육지가 황해도의 옹진, 장연 등이니 그쪽 말과 닮아 있는 것은 당연한 일이기도 하다. 그런데 교동과 마찬가지로 여기서도 '오다'가 문제다. '완 거 같애요', '들완 거지요'를 표준어로 하자면 '온 거 같아요'와 '들온 거지요'다. '오다'가 나타나야 할 자리에 마치 '와다'가 쓰인 것처럼 보인다. 물론 어르신도 소청도의 다른 토박이들도 '오다'는 '오다'로 쓰니 기본형은 '오다'인 것이 틀림없다. 다만 '오다'에 다른 요소가 붙어 활용될 때가 있다. '오다'의 활용형 '완'은 인근의 다른 지역까지 포함해 좀 더 들여다보아야 할 문제다.

말끝마다 붙는 '서'도 문제다. '가지고', '거주했다가', '다니구', '나가지구', '갓다가' 등에 모두 '서'가 붙는다. '고'나 '가'에 '서'가 붙는 것은 중부지역에서도 나타날 수 있는 말이다. 그러나 어르신처럼 모든 자리에 서를 붙이지는 않는다. 이 지역 전체에 걸쳐 나타나는 것인지 어르신의 말에서 나타나는 개인적인 특징인지는 좀 더 조사가 필요해 보인다.

2010년 기준으로 소청도에는 160여 가구에 280여 명의 주민이 살고 있다. 한때 1,200명의 주민이 살았고 초등학교 학생만 200여

명이 될 정도였으며 중학교도 있었다. 그러나 현재에는, 한때 학생이 없어서 완전히 폐교됐다가 최근에 학생이 있어 다시 수업을 재개한 대청초등학교 소청분교장이 있을 뿐이다. 초등학교를 졸업하면 학생들은 섬을 떠나 중학교가 있는 곳으로 가야 한다. 가까운 백령중학교로 갈 수도 있지만 대부분의 학생들은 인천으로 간다. 이렇게 거리상으로 멀리 떨어진 인천으로 유학하는 것은 비단 오늘날만의 일은 아니다. 어르신도 한국전쟁 전에는 황해도 옹진군의 용호도에 있는 수산학교에 다니다가 전쟁 후에 인천으로 가게 됐다. 많은 학생들이 인천으로 유학하는 것은 뱃길 때문이다. 소청도와 남쪽을 이어주는 유일한 통로가 매일 오가는 배인데, 그 배가 닿는 곳이 인천이니 당연한 결과이기도 하다.

이러한 사실은 소청도의 언어에 막대한 영향을 미친다. 소청도의 인구가 줄어든 결정적인 원인에는 많은 이들이 섬을 떠났기 때문인 것도 있지만, 본가는 소청도에 있더라도 유학 후 소청도로 돌아오지 않은 이들이 많기 때문이기도 하다. 부모와 조부모 세대는 소청도를 지키며 살지만 이후 세대들은 모두 소청도를 떠나 살고 있고 이후에도 소청도로 돌아올 가능성은 크지 않다. 또한 소청도에 살고 있는 토박이들도 뭍의 자녀들을 방문하기 위해 수시로 오고 가고 있으며, 오랜 기간 동안 머무르기도 한다. 이러한 과정에서 자연스레 소청도에서 본래 쓰던 말들이 인천말이나 표준어로 대체되고 있다. 소청도의 고유한 말이 사라지는 것은 아쉬운 일이나 본래 '먼 인천말'이었던 소청도의 말이 '가까운 인천말'이 되는 과정이기도 하다.

제가 여기 잇으면서 소청도 이장 봤죠. 소청도 이장도 한 십 년
하고, 농협에 한 구 년 근무하고. 육이오 사변 나가지구서 잇으면
배도 좀 타기도 탓구, 그러다 가서 이장 되면서, 내가 육십칠 년도
에 이장이 뒛으니까. 한 십 년 동안 하다 가서 한 일 년 잇다가서 백
령도 농협에 들어가서 근무했으니까. 여긴 벨로 들어와서 사는 사람
이 한 십여…여기 앞에 기린도라고 잇잖아요. 육이오 나면서 옹진
이 말여 적지가 되니까 기린도 사람들이 소청도로 들어갓단 말여.
피란 왔다 가서 한 칠, 팔 년 아마 기린도 사람들이 소청 가서 거주
하며 쭉 살앗으니까. 다 저짝으로 많이 다 빠져나갔지. 인천, 저, 부
천 그쪽으로 다 내려갓으니까.

소청도에 사는 많은 사람들이 그렇듯이 어르신도 뭍과 인근의 섬
을 오가며 살아오셨다. 젊은이들은 소청도로 다시 돌아올 가능성이
없지만 어르신은 소청도를 지키며 사실 듯하다. 사실 소청도 땅은
많은 사람을 품기에는 부적절하다. 과거에도 논은 없었지만 산을 개
간한 밭이 꽤 많아서 갖가지 먹거리를 많이 생산해 냈다. 그러나 오
늘날은 그마저도 버려져서 초목이 무성한 상태다. 땅에만 의지해서
살기도 어렵고 안정적인 일자리도 드물다. 그러나 소청도 인근의 바
다는 아직 풍족하다. 팔순이 넘은 나이인데도 불구하고 아침나절에
바다에 나간 어르신은 커다란 통 가득 삼식이를 잡아 오셨다. 장대
끝에 갈고리를 달아 끌어 올리기만 하면 되는 것이다.
　소청도 인근에서 가장 많이 잡히는 고기를 꼽으라면 소청도 어민
들은 주저 없이 홍어를 꼽는다. 홍어 하면 전라도 흑산도 혹은 영산

포가 떠오르지만 소청도 어부는 소청도 인근에서 잡히는 홍어의 양이 훨씬 더 많다고 귀띔을 한다. 바다에서 헤엄치다 어부의 낚시에 걸린 지 다섯 시간도 안 된 홍어, 그리고 싱싱한 상태에서만 먹을 수 있는 홍어의 애를 소청도에서 맛보게 될 줄은 몰랐다. 풍부한 어족 자원과 어로기술 덕분에 소청도 사람들은 예부터 부유한 편이다. 이 말을 소청도 사람들이 만들었을 가능성이 크지만 '쓰다'의 'ㅆ'과 '소청도'의 'ㅅ'이 운이 맞는다. 딱히 내세울 게 없지만 울창한 나무숲을 보고 '때다'와 '대청도'의 운을 맞춘 '때고 남는 대청도'보다 낫다.

쓰고 남는 데가 소청도라지만 소청도의 말을 쓸 사람이 별로 없으니 소청도의 말이 살아남기는 어려워 보인다. 어르신마저도 그렇다. '김치'를 뭐라 하냐고 여쭤보니 '김치'라고 답을 하신다. 한참을 여쭤도 당연히 나와야 할 '짠지'가 안 나와서 '짠지' 아니냐고 했더니 그건 옛날 말이라 하신다. 같은 소청도 출신의 부인과 이야기를 나눌 때도 요즘은 '김치'를 쓰지 '짠지'란 말은 쓰지 않는다고 하신다. 상황이 이러니 '짠짠지'는 더더욱 모르신다. 이대로 세월이 흐르면 소청도가 고향이거나 소청도와 인연이 있는 사람조차도 '짠짠지'를 이상하게 생각할 것이다. '짠지'만 해도 짠데 '짠짠지'는 얼마나 더 짤지 몸서리를 칠지도 모르겠다. 짜면 짤수록 음식은 더 오래 보존되기 마련인데 짠 내 나는 소청도의 말은 이제 더 이상 기대하기 어렵다.

4. 연평도 토박이의 말

특정 지역을 소재로 만들어진 노래가 널리 사랑을 받게 되면 그 지역 이름이 바로 노래를 연상시키는 일이 많다. 〈목포의 눈물〉, 〈부산 갈매기〉, 〈연안부두〉 등 그 지역을 떠올릴 때마다 노래를 흥얼거리게 된다. 노래 덕분에 여수 밤바다가 낭만의 바다가 되고, 제주도가 온통 푸른 밤이 되기도 한다. 그러나 연평도는 노래 때문에 오히려 슬프다. 연평도 하면 '눈물'이 먼저 떠오르는 것은 순전히 〈눈물의 연평도〉 때문이다.

조기를 담뿍 잡아 기폭을 올리고 온다던 그 배는 어이하여 아니 오나
수평선 바라보며 그 이름 부르면 갈매기도 우는구나 눈물의 연평도

이 노래와 상관없이 예나 지금이나 연평도는 물고기로 기억된다.

| 연평도 조기 박물관의 〈눈물의 연평도〉 노래비

조기잡이가 한창일 때는 포구를 가득 메운 배 위에서 조기 거래가 바로 이루어지는 파시(波市)가 성황을 이루었다. 조기가 자취를 감춘 이후에는 꽃게가 그 뒤를 이어 해마다 제철이면 꽃게잡이 전쟁이 벌어지기도 한다. 그러나 1999년에 있었던 제1연평해전과 2010년에 있었던 북한의 연평도 포격 이후 이 노래는 연평도 주민의 마음을 대표하는 노래로 기록된다.

연구는커녕 변변한 조사도 제대로 이루어지지 않은 연평도 말을 조사하기 위해 찾은 2017년 7월의 연평도, 물길이 열린 이후로 소일거리가 없을 때는 인천에 나가 계시는 분들이 많아져서 토박이분들을 만나기가 쉽지 않다. 정말 어렵게 만난 일명 '장말표' 어르신, 본명보다는 젊은 시절 팔던 물건의 상표인 '말표'로 더 유명하다. 어르신이 운영하는 가게는 그야말로 세월의 축소판이다. 오래된 내복부터 먼지가 뽀얗게 쌓인 전자제품까지 추억 속에나 남아 있는 물건들이 지금도 진열대에 놓여 있다.

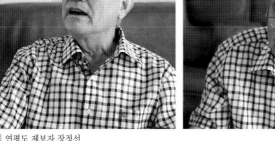

| 연평도 제보자 장정선

이름: 장성선(남)

조사 당시 연령: 71세(1945년생)

출생지: 연평면 연평리

조사 당시 거주지: 연평면 연평리

'아부지 군불 땟시꺄' 이 말이 황해도 말이야. 지금은 '이랬어요 저랬어요'를 쓰지만 '군불 땟시꺄' 이래요. '밥 먹엇시꺄. 아 언제 왓시꺄' 그래. 길에서 오랜만에 만나면 '아 오래간에 만낫시다' 하고, 두 번째 만난 사람은 '언제 왓시꺄' 그래요.

처음 찾아뵈었을 때는 싫다고 손사래를 치시더니 경로당에 계시던 할머니를 대동하고 가서 다시 부탁드리니 바로 응해주신다. 방에 들어가 벽을 장식하고 있는 할머니와의 여행 사진을 둘러보기도 전에 쏟아지는 말들, 이제까지 들어본 인천의 다른 지역 말과는 확연히 다른 말이다. 황해도 말을 논할 때 반드시 언급되는 '시꺄'의 용법부터 쏟아져 나온다. 그런데 아무래도 '땟시꺄'와 '왓시꺄'가 아닌 '땟시꺄'와 '왓시꺄'로 적어야겠다. 평안도 말이 그렇듯이 '았/었', '겠' 등의 받침이 'ㅆ'이 아니라 'ㅅ'이다. 그렇다. 여기는 황해도 코앞의 연평도다.

연평도는 인천항에서 뱃길로 145㎞, 서해 NLL과 인접한 곳으로 북한 땅과 10㎞ 거리에 있다. 지금이야 행정구역상 인천에 속해 있지만 과거에는 엄연한 황해도 땅이었다. 강화도 말의 특징이라고 흔히 이야기되는 '시꺄'도 강화도 말이 아니라 강화도 사람들이 황해도의 영향을 받아서 쓰는 말이다. 강화군 교동말에서 나타났던 '앗/엇', '겟' 등도 결국은 황해도를 거슬러 올라가 평안도 말에서 발견되는 특징이다.

연평도가 완연한 황해도 방언권이란 사실은 친족명칭에서도 잘 드러난다. 부인에 대한 사랑이 각별한 어르신께 친족명칭에 대해 여쭈니 대번 장모님에 대한 얘기부터 나온다.

가시옴마이 요새는, 요즘은 안 쓰지. 우리가 젊을 때까지 썼어. 아 우리 가시옴마이, 가시아바이 그랬는데 요즘은 안 써. 요즘은 그렇게 썼다간 마누라한테 맞아 죽어. 왜 가시냐구. 요즘은 이모네 아이들, 외할머니 애들은 잘 아는데 시집은 몰라, 시집은. 세상이 배꼈어. 가시, 각시 그게 황해도 말인데 황해도 말이 가시옴마이 가시아바이야. 친정엄마야. 친정아바이. 그건 마누라가 하는 얘기구. 그것두 사투린데 가시아바이, 각시네 아바이, 가시 옴마이 각시네 옴마이 장모 장인을 가시옴마이 가시아바이라고 햇어. 직접 부를 때는 옴마이라고 햇어. 우리 옴마이나 장모나 둘 다 옴마이, 옴마이 햇어. 나는 장인 장모 보고 옴마이 아바이 햇어.

연평도에서 '아버지'와 '어머니'는 '옴마이'와 '아바이'다. 아버지와 어머니를 부르는 말은 수없이 많은 변종이 있지만 '옴마이'와 '아바이'는 반도의 남쪽에서는 잘 나타나지 않는다. 특히 '옴마이'는 황해도에서만 나타나는 것으로 보고되어 있다. 그런데 '아바이'는 여러모로 혼란스러울 수 있다. 황해도나 평안도에서 '아바이'는 표준어로 치면 '아버지'의 뜻이다. 충청북도나 경상도 지역에서도 '아바이'가 종종 발견되는데 이때도 '아버지'의 뜻이다. 그러나 함경도에서는 '아바이'가 '할아버지'의 뜻이다. 형태가 같더라도 지역에 따라 그 의미가 다양하니 자칫 오해할 법도 한 것이 친족명칭이다.

결혼을 하면 새로운 부모가 생기는 것은 남자나 여자나 마찬가지다. 남자에게 새로 생기는 부모는 한자어로 '장인'과 '장모'인데 황해도 이북에서는 '가시'가 '아버지'와 '어머니'를 뜻하는 단어의 앞에 붙는다. 그러니 '가시아바이'는 '장인'이고, '가시옴마이'는 '장모'이다. 사실 '가시'는 아내나 아내의 친정을 뜻하는 말이다. 그러니 '가시'를 앞에 붙이면 아버지나 어머니이긴 한데 굳이 '아내'의 부모라고 구별해서 부르는 말이 되는 것이다. 그래서일까? 요즘은 '가시'를 잘 안 쓴다고 한다고 말씀하신다. 굳이 아내의 어머니를 구별해서 부를 필요 없이 모두 자신의 부모와 같으니 그렇게 부르지 않는 것일 수도 있다.

친족명칭에 대한 이야기는 자연스럽게 세태에 대한 이야기로 이어진다. 굳이 아내의 부모를 구별해서 부르는 말을 쓰지 않는다는, 썼다가는 '맞아 죽는' 세태에 대해 말씀하신다. 아버지 쪽의 친척보다는 어머니 쪽의 친척과 가까이 지내는 상황에 대한 이야기도 빠지지 않는다. 그런데 어르신의 말투가 계속 머릿속을 혼란스럽게 한다. 남쪽에서 쓰지 않는 친족명칭만 보면 이 지역의 말이 황해도 말인 것은 틀림없다. 받침에 'ㅆ'이 아닌 'ㅅ'이 나타나는 것도 그렇다. 가끔씩 'ㅆ'이 들리기는 하지만 대부분 'ㅅ'이다. 그런데 그것 말고 나머지는 그저 흔히 들을 수 있는 경기도 땅의 말이다. 인천에서도 들을 수 있고 서울의 동쪽이나 남쪽에서도 들을 수 있는 말이다. 표준말과 별반 다르지 않다고 느낄 수도 있다. 실제로 '바뀌었어'를 '배꼇어'라고 하는 것 빼고는 딱히 언급할 만한 것이 없다.

그런데 방언권을 논할 때 잊지 말아야 할 것이 있다. 방언권뿐만 아니라 한반도의 지역 구분을 할 때도 마찬가지다. 황해도는 엄연히 중부지역이고 방언권 역시 중부방언권이다. 중부방언에는 경기도, 강원도, 충청도뿐만 아니라 황해도도 속한다. 그러니 황해도의 말이 경기도 말과 아주 많이 닮아 있는 것은 당연한 것이기도 하다. 황해도 지역도 기층의 말은 중부지역의 말과 유사한데 평안도 이북에서 나타나는 북쪽 말의 특징 중 일부가 내려와 영향을 미치고 있는 것일 뿐이다. 한국전쟁 이후 황해도가 북쪽에 속해 있기 때문에 황해도의 소속에 대해서 오해를 하는 경우가 종종 있다. 한반도를 남북으로 세 등분했을 때 황해도는 엄연히 중부지역에 속한다. 어르신의 말을 통해서도 그 사실이 고스란히 확인된다.

여기 연평은 댁은 없어. 우리 집사람이 거첨에서 왔거든. 거첨댁이라는 건 없어. 근데 그건 잇어. 그런데 영감님들은 거첨 영감님 긓게 햇어. 연평에서는 누구네 샥시 그랫지. 안성댁, 대구댁, 서울댁 안 햇어어. 숙모는 작은옴마이, 에숙모 보구는 에줌마이라구 햇어. 에숙모가 아니구. 에즘마이야, 에즘마이. 백모 보구 큰옴마이, 숙모 보구 작은 옴마이. 숙부 보구는 작은 아부지, 백부 보구는 큰 아부지. 황해도에서 그랫을 거야. 이게 황해도 사투리예요. 올케, 올케 가지구 메라 해요. 올오마이야, 올오마이. 밑이구 우이구 올오마이. 올케. 오빠나 남동생이나 샥시를 가지구 올오마이. 여긴 아가씨두 없구, 도련님도 없어. 그렇게 안 불러.

그러나 몇몇 단어는 남쪽 지역은 물론 중부방언의 말과도 많이 다름을 보여준다. 결혼한 여자들에게 흔히 쓰는 택호는 이 지역에서 쓰지 않는다고 한다. '댁' 혹은 '덕' 등이 남쪽에서 나타나는데 이곳에서는 그저 '누구 옴마이' 정도로만 쓴다. 그런데 뒤이어 나오는 단어는 아무리 봐도 정체가 불분명하다. '외숙모'를 '에숙모'라고 하는 것은 '외'가 이중모음 '웨'로 나타나는 이 지역의 특성상 자연스러운 것이다. 그러나 '에줌마이, 에즘마이, 에점마이' 등으로 말씀해주시는데 금시초문이다. 결국은 '아주머니'나 '아줌마' 계통의 단어일 텐데 이것과 어머니를 뜻하는 '옴마이'가 합쳐진 것으로 보인다. 이런 단어들은 다른 분께도 확인을 해 봐야 그 정체가 정확하게 파악될 듯하다.

'올케'에 해당하는 말도 마찬가지다. '올오마이'로 들리기도 하고 '올우마이로' 들리기도 하는데 아무래도 '올오마이'가 분석하기에 더 용이할 듯싶다. '오마이'가 있으니 어머니와 관련을 짓고 싶은데 '올케'의 본래 뜻과 어머니는 별로 관련이 없다. 그저 오빠나 남동생의 아내를 여자 형제가 부르는 말일 뿐이니 '어머니'에 해당하는 말이 들어갈 이유가 없다. '오마이' 앞의 '올'도 문제인데 '올케'에도 포함되어 있으니 결국 같은 계통인 것이다. '올케'가 '오랍의 댁'이나 이와 유사한 형태로도 많이 나타나니 '올'은 '오라비'와 관련 지을 수 있다. 이렇게 분석이 쉽지 않지만 '올오마이'는 황해도 고유의 말인 것은 확실하다. 그리고 연평도에서도 이리 쓰고 있으니 연평도도 황해도 땅의 일부로서 황해도 말을 쓰고 있는 것은 확인할 수 있다.

그전에두 김치 같은 거 해면은 야 김치 가져와라고 하지 않구 짠지 가져오랫어요. 짠지를 머라구 햇냐면 짠짠지가 있구 짠지가 잇구 그러잖어. 그런데 옛날에는 김치를 가지구 짠지라 했어여. 짠지를 짠잔지라구 했구. 그러니까 옴마이 짠 줘 거 김치 달라는 얘기예요. 짠짠지는 무 젤엇다가 먹는 게 잔짠지구. 김치는 짠지야. 야 너희 짠지해? 그랫지 너희 김치햇냐 안 햇어. 우리 짠지해야 돼 이랫지 김치 소리 안 햇어. 그것두 머 삼십년 전 쓰던 말이지. 그게 뭐 자연적으루 그렇게 돼 더라구.

김치와 관련된 조사는 매우 흥미로운 결과를 보여준다. 조사 항목 중에 '김치'가 있어 질문을 하는데 답이 자꾸 '짠지'라고 나온다. 몇 번을 여쭤도 마찬가지다. 연평도에서는 김치를 안 먹는다는 말인가? '묵은지, 오이지, 섞박지, 게국지' 등에서 알 수 있듯이 '지'는 김치를 뜻한다. 그러니 '짠지'는 짠 김치이고 '싱건지'는 싱거운 김치다. 그러나 연평도에서는 '짠지'가 곧 김치다. 황해도와 함경도 일부에서 김치를 짠지라고 하니 낯설지만 이상할 것은 없다. 연평도가 황해도 땅의 일부임을 감안하면 더욱 그렇다. 그렇다면 무를 양념하지 않고 소금에 절여서 먹는 '짠지'는? 이에 대한 대답이 예상을 뛰어넘는다. 다른 지역에서 '짠지'라고 하는 것을 연평도에서는 '짠짠지'라고 한단다. 조금 어이없기도 하고, 한없이 귀엽기도 하다. 그런데 생각해 보니 맞는 말이다. 김치가 '짠지'이니 본래 '짠 김치'의 뜻인 '짠지'가 '짠 짠지'가 되는 것은 당연한 것처럼 보이기도 한다.

김치에 대한 방언형은 매우 다양하다. '김치'류와 '지'류가 양대 산맥을 이루고 있는데 연평도는 '지'를 써서 김치를 나타낸다. '지'만으로도 김치의 뜻을 나타낼 수 있는데 군이 '짠'을 앞에 붙여 '짠지'라고 한다. 소금에 절여 숨을 죽이고 소금기를 배게 하는 과정이 있으니 그리 불러도 이상할 것이 없다. 그런데 소금을 더 두어 오롯이 짠맛으로 먹는 김치의 일종이 문제가 되는 것이다. 그것을 그저 '짠짠지'라고 하면 간단해 보이기는 하나, 단어를 만드는 방법으로 보면 몹시 이상하게 느껴지기도 한다. 하지만 그렇더라도 꼭 이상하다고 말할 수 있는 것은 아니다. 단어가 어떻게 만들어진 것이든 어법 면에서의 옳고 그름을 따지기 전에 있는 그대로 받아들일 필요가 있다. 물론 그에 대한 의구심은 연평도 사람들 스스로도 가지고 있다. 누가 그렇게 하자고 한 것도 아닌데 '짠지'와 '짠짠지'는 점차 사라지고 '김치'와 '짠지'로 대체되고 있는 것을 보면 그렇다.

내가 육십년도에 군대를 갔는데 인천 가는 거이 여덟 시간 갔어요. 제대하니껜 다섯시간 반이구. 요즘은 두 시간이잖아. 세상이 배끼는 거야. 요즘은 매일 다니지만 그전에는, 육십년도에 군대 갈 때는 그 배가 가서 이틀 묵고 오지, 바람이 불며는 못 오는 거예요. 내가 부산서 군대생활 햇는데 열흘 줘서 휴가를 왔는데 바람 불어서 못 와. 그래 열흘 동안 인천 잇다가 부대 들어간 기억이 잇어요. 이제는 전화해 보고 언제 간다 다 이러잖아. 그땐 그랫어요. 그러니까 자연적으로 교통이 좋아지니까 사람도 많이 오게 데고, 자연적으로 육지도 많이 대니구 그러니까 자연적으로 말이 배끼더라구. 아 우리가 애 나서 미국 보내면 미국말 쓰지 연평말 써요? 똑같은 거예요. 그게 머 자연적으로 나온 거지 머 면에서 회의 해가지구 지금부터 사투리 쓰지 말구 표준말 씁시다 이렇게 안 하잖아. 자연적으로 배긴 거지 언제부터 그런 건지 몰라.

연평도 말에 나타난 변화의 원인과 과정은 어르신의 이 이야기 속에서 자연스럽게 드러난다. 과거에도 연평도와 인천을 오가는 배가 있었지만 여덟 시간이나 걸렸다. 오가는 시간이 길면 오가는 사람도 적다. 그러나 세월이 흐를수록 배가 빨라져 이제는 인천에서 배를 타면 두 시간 만에 닿을 수 있는 곳이 연평도. 게다가 북쪽과의 소통이 끊겨 배는 오갈 수 없고 아무도 원치 않는 포탄만 오간다. 눈으로 보이지 않는 선을 넘으면 남북의 배가 출동을 하고 급기야 해전까지 벌어진다.

상황이 이렇다 보니 연평도가 본래 황해도 땅이었지만 오늘날의 연평도는 남쪽, 그것도 인천으로만 통한다. 뭍의 황해도가 고향인 사람도 많고, 언젠가는 그 땅으로 돌아가리라 생각했던 사람들도 많다. 그러나 분단의 세월이 길어지면서 고향은 잊혀지고, 그 땅으로 돌아가려 했던 사람들은 저세상으로 먼저 가버렸다. 황해도 땅과 멀어지면 멀어질수록, 인천과 가까워지면 가까워질수록 말도 그렇게 닮아간다. 누가 뭐래도 연평도 말은 황해도 말이다. 방언구획을 한다면 당연히 황해도에 포함시켜야 한다. 그러나 오늘날 방언구획을 하려 한다면 망설일 수밖에 없다. 과거의 연평도 말이 아닌, 현재의 연평도 말을 대상으로 한다면 연평도 말을 황해도 말에 무작정 편입시킬 수 없다. 그러기에는 상황도 너무 많이 달라졌고, 말 또한 많이 달라졌다.

하루 몇 차례 버스가 다니긴 하지만 연평도는 차 없이도 다닐 만큼 좁다. 주민들이 사는 곳은 더욱 좁다. 이곳에서 태어나고 자란 사람들의 숫자는 점점 줄어들고 있다. 젊은이들은 연평도를 떠나 다른 곳에서 삶의 터전을 일구고 있고, 먼 곳의 젊은이들이 이곳에 들어와 섬을 지키고 있다. 인천과 연결된 바닷길로 인천의 말이 들어오고 있고, 아무 데나 넘나들 수 있는 전파들이 안방의 텔레비전을 차지하고 있다. 젊은 사람들의 말에서 '짠지'는 '김치'로 대체된 지 오래다. 그렇다면 '짠짠지'는? '짠 김치'로 대체되어야겠지만 아니다. 그 자리는 '짠지'가 대신하고 '짠짠지'는 영원히 사라지고 있다.

5. 인천 원해도서 말의 특징

옹진군에 속해 있지만 서해의 북쪽 해상에 외따로 뚝 떨어져 있어 이 섬은 서해5도라는 이름으로 일컬어진다. 행정구역상 인천의 섬이기는 하지만 '아주 먼 인천'이기도 하다. 이렇게 원인천 지역에서 멀리 떨어져 있기 때문에 원인천 말과 상당한 차이가 있을 것으로 예상되는 지역이기도 하다. 세 섬이 원인천 지역으로부터 멀리 떨어져 있기는 하지만 백령도와 소청도는 서로 가깝고 연평도는 이 두 섬과 많이 떨어져 있는 편이다. 인천으로부터의 거리를 봐도 연평도는 상대적으로 인천과 가깝고 다른 두 섬은 멀다. 이렇듯 거리상의 차이 때문에 세 섬의 말을 어떻게 묶어야 할지 고민이 될 수도 있다. 거리상 꽤 멀고 인접한 육지도 다르긴 하지만 세 섬의 말은 황해도 말을 기반으로 하고 있어 다른 인천 지역의 말과는 확연히 구별된다. 물리적인 거리뿐만 아니라 말도 '아주 먼 인천'이란 사실을 확인할 수 있다.

인천 원해도서의 세 섬이 황해도 방언에 속하긴 하지만 모두 중부방언의 하위방언이란 것은 인천의 모든 지역이 공유하고 있다. 방언 구획상 경기도, 강원도, 충청도, 황해도가 중부방언으로 묶이기 때문에 황해도 땅에 인접해 있는 이 세 섬은 당연히 중부방언에 속한다. 다만 더 남쪽에 위치해 있는 연평도에서는 평안도 말의 영향이 상대적으로 덜하지만, 북쪽에 위치한 백령도와 소청도에서는 평안도 방언의 특성이 종종 발견된다. 그럼에도 불구하고 세 섬의 말을 처음 접하는 이들에게 이 섬의 말은 크게 이질감이 느껴지지는 않는다. 기본적으로는 중부방언에 속하기 때문이기도 하지만, 한국전쟁 이후 인구분포의 변화 때문이기도 하다. 나아가 교육과 방송의 영향으로 전국의 모든 방언에 나타난 표준어화의 경향 때문이기도 하다.

세 지역에 모두에서 19개의 자음이 확인되는데 이는 인천의 모든 지역은 물론 국어 전체에서 발견되는 양상이다. 모음은 '이, 에, 애, 으, 어, 아, 우, 오'와 같은 8개의 단순모음이 확인된다. 젊은 세대 사이에서 잘 구별되지 않는 '에'와 '애'도 이 세 지역에서는 완전히 변별된다.

이 i(이: i:)	으 ɨ(으: ɨ:)	우 u(우: u:)
에 e(에: e:)	어 ə(어: ə:)	오 o(오: o:)
애 ɛ(애: ɛ:)	아 a(아: a:)	

세 섬의 말이 황해도 말에 바탕을 두고 있기 때문에 모음체계 역시 황해도 말과 비교해 볼 필요가 있다. 일반적으로 황해도의 노년층 말은 위에 제시한 체계에 '외'까지 더해 9개의 모음이 있는 것으로 보고 있다. 그러나 세 섬의 제보자 모두 '외'는 단모음이 아닌 이중모음 'we'로 발음한다. 이는 이 지역의 특성일 수도 있고 시간의 흐름에 따른 변화일 수도 있다. 황해도 지역 전반의 조사가 이루어져야 이에 대한 정확한 이해가 가능할 것이다. '위'는 모두 'wi'로 나타난다. 적어도 조사대상자의 말을 기준으로 하면 인천 원해도서의 모음체계는 8모음체계이다.

음운현상은 중부방언과 전반적으로 큰 차이가 없다. 황해도 방언이 중부방언과 음운현상 면에서 차이가 크지 않은 이유도 있지만 세 섬의 인구 구성에 변화가 나타나면서 여러 지역의 음운현상이 유입된 결과이기도 하다.

인천 원해도서의 말이 '아주 먼 인천'의 말이라는 것은 어휘 면에서 도드라지게 나타난다. 노년층이나 각 지역의 고유한 말을 기억하는 이들은 예외 없이 '고구마' 대신 '지과'를 쓰거나 이 말을 기억하고 있다. '지과'는 한자로 '地瓜'로 쓰는데 중국어에서도 동일하게 쓰는 것으로 보아 중국어에서 들어온 단어이다. '고구마'가 일본어 '고코이모(孝行芋)'에 기원을 두고 있음을 감안해 보면 한반도의 남쪽에서는 일본어계의 '고구마'를 쓰고 북쪽에서는 중국어계의 '지과'를 씀을 알 수 있다. 평안도 방언에서는 구개음화가 일어나지 않는 '디과'를 쓰는데 이 지역에서는 구개음화가 일어나 '지과'로 발음한다.

'개, 게' 등에서도 황해도 지역 고유의 발음이 확인된다. '애'와 '에'는 오늘날 단모음으로 발음되지만 과거에는 각각 '아이' 및 '어이'의 발음과 비슷한 이중모음이었다. 이러한 흔적이 황해도 방언에서 나타나는데 이 지역에서도 그 잔재를 확인할 수 있다. '개'를 '가이'라고 하고 '게'를 '거이'라고 하는 예가 꽤 많이 확인된다. 물론 이는 나이가 많은 층에서만 확인되고 젊은 층은 이 말을 모르거나 알더라도 거부감 때문에 잘 쓰지 않는다.

'바위' 또한 '방퀴'나 '방쿠' 등을 쓰거나 기억하는 이들이 있어 황해도 방언의 특성을 잘 보여준다. '반찬'을 뜻하는 말도, '반찬'과 '찔기'로 구별하는 이들이 있다. 표준어에서 '반찬'은 밥과 함께 먹는 모든 것을 뜻하지만 이 지역에서의 반찬은 고기나 생선으로 만든 것만을 가리키고 나머지는 '찔기'라고 한다. 젊은 층에서는 이 말을 구별해서 쓰지 않지만 노년층은 여전히 구별해서 쓴다. '맷돌' 또한 '망'으로 기억하거나 쓰는 이들이 많다. 그런데 이러한 고유의 어형이나 발음은 재차 질문을 하거나 어형을 먼저 대고 질문할 때 확인할 수 있는 경우가 많다. 평소에는 잘 쓰지 않거나 외지인에게는 더더욱 쓰지 않기 때문에 나타난 결과이다. 이는 결국 고유한 방언이 표준어로 대체되어 가는 과정을 보여주는 것이기도 하다.

친족명칭 또한 원인천의 다른 지역은 물론 남쪽의 다른 방언과 구별되는 특징을 보여준다. '아버지'를 뜻하는 '아바이'와 어머니를 뜻하는 '옴마이'는 노년층 토박이들 사이에서 여전히 쓰이고 있다. 젊은 층에서는 '아버지'와 '어머니' 등의 표준어로 대체되어 가고 있지만 그래도 여전히 많이 쓰이는 편이다. '장인'과 '장모'를 뜻하는 '가시아바이'와 '가시옴마이'도 마찬가지다. '할아버지'와 '할머니' 또한 '할아바이'와 '할마이'로 여전히 쓰이고 있다.

김치를 가리키는 말도 매우 흥미롭다. 김치를 가리키는 말은 '지'와 '김치' 두 계열이 있다. 지역에 따라 이 두 계열이 서로 다른 어휘 영역을 차지하기도 하고 겹치기도 하고 혼용되기도 한다. 그리고 '짠지'는 무나 오이를 소금에 절인 것으로 구별되는 것이 보통이다. 그런데 평안도와 함경도를 비롯한 북쪽 지역에서는 '짠지'가 김치를 가리키는 말로 쓰여 '잔디, 짠지, 짠디, 짼디, 짼지' 등으로 나타난다. 이 지역에서도 '짠지'는 표준어의 김치를 가리킨다. 이 경우 표준어의 짠지가 문제가 되는데 '짠짠지'로 나타나 '짠지'가 온전히 '김치'의 뜻으로 쓰이고 있음을 보여준다.

백령도에서 '듣다'의 활용형도 매우 특징적이다. 표준어에서 '듣다'는 '듣다, 듣고, 들어라, 들으면'과 같이 불규칙적으로 활용되는데 백령도에서는 '듣다, 듣고, 듣어, 듣으면'과 같이 규칙적으로 활용된다. 이는 평안도 방언에서 널리 확인되는 것으로서 이 지역 말이 평안도 말과 많은 부분에서 공통성이 있음을 보여준다.

어미에서는 '시꺄, 시겨' 등이 황해도 방언의 전형적인 특징을 보여준다. 이러한 어미는 황해도 북쪽의 평안도나 남쪽의 경기도에서는 확인되지 않는다. 세 섬 모두에서 이러한 어미가 확인되는데 이는 이 지역 말이 황해도 방언에 속한다는 사실을 명확하게 뒷받침해준다. 이러한 어미는 남쪽의 강화도에서도 확인되는데, 강화도에서 나타나는 이러한 어미가 황해도 방언의 영향임을 증명해주기도 한다. '았/었'이나 '겠' 등의 받침이 'ㅆ'이 아닌 'ㅅ'인 것도 이 지역말의 특징이라 할 수 있다. 이러한 특징은 평안도 말에서는 매우 광범위하게 나타나는 것으로서 남쪽으로는 강화를 거쳐 원인천 지역에서도 확인된다. 미래를 나타내는 '겠'도 '갓'으로 나타나는데, 원인천 지역에서는 '갔'과 같이 받침이 'ㅆ'인 것만 다를 뿐 결국 같은 계열임을 알 수 있다.

이상을 종합해 볼 때 인천 원해도서 말의 첫 번째 특징으로 이 지역의 말이 중부방언 중 황해방언의 하위방언이란 것을 꼽을 수 있다. 원해도서가 행정구역상으로는 옹진군, 나아가 인천에 속해 있지만 본래 황해도 땅이니 당연한 결과이기도 하다. 섬의 말은 인접한 뭍의 말과 관련이 있기 마련인데 이 섬들은 모두 황해도 땅과 매우 가깝고 과거에도 밀접하게 소통을 했으니 황해도 말의 일부인 것은 당연하다. 이 지역의 말이 황해도 방언의 하위방언이란 것은 원인천 말과는 거리가 있는 말임을 보여주기도 한다. 이 지역을 '아주 먼 인천'이라고 명명했듯이 말 또한 원인천 말과는 꽤 거리가 있다.

인천 원해도서 말의 두 번째 특징으로 세 섬이 모두 황해도 방언에 속하지만 위치에 따라 영향을 받는 말이 다르다는 것을 지적할 수 있다. 세 섬이 모두 서해상에 외따로 떨어져 서해5도에 속하지만 백령도, 대청도, 소청도는 매우 가깝고 연평도는 꽤 떨어져 있다. 연평도가 상대적으로 남쪽에 있지만 언어 면에서는 남쪽의 경기도 말보다는 인접한 황해도 말을 따르고 있어 전체적으로는 황해도 방언에 속한다. 그런데 상대적으로 북쪽에 있는 백령도와 소청도에서는 평안도 말의 특징이 더 많이 나타난다. 방언이 거리에 따라 밀도를 달리하여 전파되고 방언의 차이도 거리에 비례하여 나타나는 것을 감안하면 자연스러운 결과이기도 하다.

인천 원해도서 말의 세 번째 특징으로는 이 지역의 말이 급속도로 바뀌어 가고 있다는 것을 꼽을 수 있다. 정상적인 상태에서 방언은 인접 지역과 영향을 주고받으면서 서서히 변화해 나간다. 그런데 이 섬들은 인접 지역이라고 할 수 있는 황해도 지역과는 완전히 단절된 상황이다. 이 지역 토박이들 중 상당수가 황해도 지역과 관련이 있고, 이들의 전통적인 말이 황해도 말이라고 할지라도 황해도 지역과 단절된 상황에서는 독자적인 변화가 일어날 가능성이 크다. 게다가 여러 가지 이유로 이 섬에 많은 외지인이 유입되었다. 이러한 상황에서 전통적인 말은 점차 희석될 수밖에 없는데 틈새는 자연스럽게 표준어가 메우게 된다.

현재의 분단 상황, 그리고 통일이 되고 난 이후의 상황에서 이 지역의 방언구획은 매우 흥미로운 주제가 될 수 있다. 방언조사를 할 때는 가능하면 나이가 많은 제보자를 찾아 전통적인 말을 찾으려고 노력한다. 그런데 시간이 지날수록 이러한 제보자를 찾기 어렵고, 그 사이 말은 남쪽 지역의 말 또는 표준어로 대체되어간다. 따라서 현재의 말만을 기준으로 방언구획을 하고자 하면 이 지역의 방언구획을 어떻게 해야 할지 난감한 상황이 될 수도 있다. 통일이 되고 난 후 이 지역이 황해도 지역과 자유롭게 소통할 수 있더라도 역시 문제가 될 수 있다. 통일이 되면 말의 변화가 더 복잡해질 수도 있기 때문이다.

인천 원해도서의 말마저도 본래의 정체성이 점차 사라지는 모습을 보며 아쉬움과 반가움이 동시에 느껴진다. 분단 상황이 아니었다면 이 지역의 말은 황해도 말의 특성을 유지하면서 일상적인 변화를 겪었을 것이다. 그러나 분단으로 인해 소통과 인구구성이 왜곡되어 매우 특이한 언어변화가 나타나고 있다. 이렇듯 전통적인 방언이 사라지고 왜곡된 변화가 나타나는 것은 아쉽지만 그 변화의 결과는 결국 인천말이 되어간다는 점에서 반갑기도 하다. 원인천을 비롯해 강화와 인천 연안도서의 말이 점차 같아지고 있는 상황에서 이 지역의 말마저도 같아지고 있는 것은 결국 '먼 인천'도 가까워지는 과정이라 할 수 있다. 행정구역으로 억지로 묶인 이 지역도 결국 인천과 점차 가까워지고 있다는 것을 말에서도 확인할 수 있다.

6부

가까워지는
인천말

'인천'은 이상하고도 난해한 존재다. '인천'이 도시를 가리키는 말이라면 그리 이상할 것은 없다. 이 책에서 '원인천'이라고 명명한 그 지역에 있는 도시라 생각하면 되기 때문이다. 그런데 행정구역상의 '인천', 더 정확히 '인천광역시'는 참으로 이상하고도 난해하다. '광역시'라는 것은 중심이 되는 도시와 인근의 여러 지역을 포괄하는 행정구역상의 명칭이지만 '인천광역시'는 종잡을 수 없을 만큼 널리 흩어져 있는 이질적인 각 지역을 하나로 묶은 것이기 때문이다. 광역시가 성립되기 위해서는 일정 정도의 인구 규모가 필요하고, 자립성을 유지하기 위해서는 다양한 지역을 포괄할 필요가 있다고 하더라도 오늘날의 '인천'은 이상하고 난해하다.

　인천의 말에 대해 서술하고자 할 때 이상함과 난해함은 몇 배로 커진다. 인천을 언어 면에서 하나로 묶기는 어려워 보인다. 대도시, 특히 인천과 같은 거대도시는 본래 방언학적인 조사와 연구를 할 수 있는 대상이 아니다. 게다가 거대도시에 주변 지역은 물론 가깝고도 먼 지역의 섬까지 포함되어 있으니 인천이 가리키는 전 지역의 언어를 단일한 언어라고 보기는 어렵다. 인천이란 도시의 성립과 구조 자체가 이상하니 그 도시의 말을 서술하는 것은 극히 난해할 수밖에 없는 것이다.

이런 이유로 인천을 몇 개의 지역으로 세분하고 그 말도 '가깝고도 먼 말'이라 이름 지었다. 많은 이들의 통념상 '진짜 인천'이라고 할 만한 지역을 '가까운 인천'으로 분류하고 '원인천'이라 명명하였다. 행정구역상 인천에 속한 여러 섬들은 심리적으로 꽤 머니 '먼 인천'이라 분류하고 그 거리에 따라 '연안도서'와 '원해도서'로 이름을 지었다. 그리고 인천보다 역사가 더 오래되었고 정체성도 분명한 강화는 '애매한 인천'으로 따로 떼어내었다. 이렇게 몇 개의 지역으로 분리하고 나면 그나마 인천말에 대한 서술이 수월해진다.

'진짜 인천'이자 '가까운 인천'인 원인천도 여전히 어려움은 남아 있다. 원인천 지역에서 진짜 중의 진짜를 가리기가 어려운 것이다. 개항 이전 도호부가 있었던 지역, 바닷가에 있던 지역, 개항 이후 급성장한 도심 지역 중 어디를 진짜 인천으로 정해야 할지 난감하다. 결국 세 지역을 모두 조사하고 각각에 대해 서술하는 것으로 해결했다. 각각을 세세하게 들여다보고 별 차이가 없다면 하나로 묶을 수 있다. 그리고 그렇게 묶은 말이 결국 진짜 인천이자 가까운 인천의 말이 될 것이기 때문이다.

이렇게 묶어서 살펴본 원인천의 말은 예상대로 중부방언 중 경기 방언의 하위방언이다. 지역적으로 서울과 가깝기 때문에 서울말과 많이 닮아 있고, 서울말을 근간으로 한 표준어와도 상당한 유사성을 보이고 있다. 그러나 원인천 자체가 다양하고 중층적인 거대도시이기 때문에 원인천의 말은 공존과 융합의 특성을 보여준다. 여러 지역에서 사람들이 유입되어 정착하는 과정에서 다양한 말이 공존하고 융합하고 있다. 여기에 뱃길로 여러 지역과 통할 수 있는 특성상 먼 지역의 말까지 들어와 있다. 특히 서해의 여러 섬과 해안 지역 말의 특성이 함께 나타나기도 한다. 이렇듯 다양한 요소가 혼재된 거대도시에서는 지역방언적 특색보다 사회방언적 특색이 더 도드라지게 나타나는 것은 당연한 일이기도 하다.

'애매한 인천'인 강화는 상대적으로 조사와 서술이 쉬운 편이다. 강화 전체의 지역적 특색을 잘 포착하기 위해서 화도, 양사, 교동 세 지역으로 나누었다. 교동은 따로 떨어진 섬이니 나눌 이유가 분명하고, 화도와 양사는 강화 본도의 양극단에 있으니 역시 타당한 지역 구분이다. 교동은 강화본도와 떨어져 있기도 하고 황해도와 매우 가깝기도 하여 다소 다른 특성을 보이기도 한다. 그러나 전반적으로는 같은 기층언어에 외래적인 요소가 얼마나 유입되었는가에 따라 다를 뿐이다.

강화말 또한 원인천 말과 마찬가지로 중부방언 중 경기방언의 하위방언이다. 강화는 섬이고 북쪽으로 황해도와 인접해 있지만 경기방언과 많은 공통점을 보이인다. 그러나 황해도와 가까우면서, 과거에 황해도 지역과 밀접한 소통을 했던 교동은 강화본도의 다른 지역에 비해 황해도 방언이나 북쪽 방언의 특성이 더 많이 발견된다. 원인천에 비해 서울과 멀리 떨어져 있기 때문에 서울말, 혹은 표준말과 차이가 더 많은 것은 당연하다. 섬으로 이루어진 강화의 말에는 뱃길을 통해 먼 지역의 언어적 특성이 많이 나타나고 있다. 황해도

해안을 타고 내려온 북쪽 방언의 영향은 물론 저 아래의 충청도 지역의 말과 유사한 양상이 발견되기도 한다.

'조금 먼 인천'으로 분류된 인천 연안도서의 말은 섬의 위치에 따라 예측과 부합되는 말의 특성이 나타나고 있다. 영종도는 행정구역 상으로도 인천 중구에 속해 있고 거리도 원인천에서 매우 가깝기 때문에 언어면에서 원인천 말과 거의 차이가 나타나지 않는다. 이에 비해 충청도와 상대적으로 가까운 덕적도와 영흥도의 말에서는 충청방언의 특색이 많이 나타나는 편이다. 특히 덕적도는 과거 거대한 어장과 파시가 형성된 지역이어서 어업과 관련된 어휘가 남아 있기도 하다.

인천 연안도서의 말 또한 중부방언 중 경기방언의 하위방언이다. 인천에서 조금 멀기는 하더라도 세 섬과 가까운 뭍은 인천이나 경기도 땅이기 때문에 당연한 결과이기도 하다. 세 섬이 같은 서해상에 있지만 남북으로 떨어져 있다 보니 남쪽에 있는 두 섬은 경기 남부와 충청도 말의 영향을 보인다. 그러나 영종도는 강화까지 내려와 있는 황해도 말의 특징이 발견되지 않는다. 영종도와 영흥도에 육지와 연결되는 다리가 건설되고 덕적도는 어업이 쇠퇴하면서 언어면에서 많은 변화가 나타나기도 하였다.

'아주 먼 인천'으로 분류된 인천 원해도서의 말은 인천 다른 지역의 말과는 꽤 큰 차이를 보인다. 백령도와 소청도는 인천에서 매우 먼 거리에 뚝 떨어져 있는 섬이고, 연평도는 상대적으로 가깝지만 역시 꽤나 먼 섬이다. 그리고 이들 섬은 모두 황해도와 매우 가까운 섬들이라 경기도 땅에 포함된 인천의 다른 지역과 다른 특성을 보일 수밖에 없다. 특히 황해도 북쪽은 평안도이니 평안도로부터 내려온 북쪽 말의 영향이 미칠 가능성이 더 크다.

인천 원해도서의 말은 중부방언 중 황해방언의 하위방언이다. 황해도 말도 중부방언에 속하기는 하지만 경기도의 말과 구별되는 면이 많다. 특히 어휘 면에서 많은 차이가 발견되는데 세 섬에서도 그 차이가 확인된다. 경기 이남의 남부 지역의 말에서는 발견되지 않지만 북부 지역의 말에서 발견되는 어휘들이 이 세 섬에서도 많이 나타난다. 특히 북쪽에 위치한 백령도와 소청도의 말에서는 평안도 방언의 특징이 더 많이 확인된다.

이상하고도 난해한 인천의 말을 꼼꼼하게 들여다보기 위해서 네 지역으로 세분하고, 필요에 따라 각 지역을 다시 세 구역으로 나누어 서술하였다. 이렇듯 지역을 나누어 서술하고자 할 때는 그 차이를 부각할 수밖에 없다. 그 결과 가까운 원인천 말부터 아주 먼 원해도서의 말까지 각각의 고유한 특징들을 먼저 드러내었다. 그 특징들이 크게 느껴지지 않을 수도 있으나 정밀하게 들여다보면, 그리고 언어학적으로 고찰해 보면 분명한 차이를 보이고 있는 것은 사실이다.

그러나 인천에 속해 있는 모든 지역의 말은 매우 큰 공통성에 기반을 두고 있다. 언어학적 잣대를 정밀하게 들이대지 않은 채 어느 지역의 말이든 들어보면 특별히 다르다거나 이상한 것이 느껴지지 않을 가능성이 많다. 먼 인천에 속한 지역의 말이더라도 원인천의 말, 혹은 서울말 및 표준말과 큰 차이가 느껴지지 않을 수 있다. 이러한 느낌은 타당한 것이기도 하고 당연한 것이기도 하다. 원인천과 강화, 그리고 남북으로 넓은 지역에 위치한 모든 섬은 궁극적으로는 중부방언에 속한다. 중부방언에 속한 각 지역의 언어에서 커다란 차이가 느껴지지 않듯이 인천에 속한 각 지역의 말에서 큰 차이가 느껴지지 않는 것은 당연한 결과이기도 하다.

각 지역의 말에서 큰 차이가 느껴지지 않는 데에는 또 다른 이유가 있다. 강화를 비롯한 먼 인천의 섬에서 언어변화가 매우 빠르게 나타나고 있는데 그 방향이 결국 원인천 말과 같아지는 방향이기 때문이다. 원인천의 말은 서울말과 닮아 있고, 표준말과도 매우 유사하다. 강화와 먼 인천의 섬에서 나타나고 있는 변화는 서울말 혹은 표준말로의 변화인데 결과적으로 원인천 말과 같아지는 것이다. 교육과 방송을 통해 전국적으로 표준어가 보급되고 있는데, 인천에 속한 모든 지역에서도 마찬가지의 변화가 일어나고 있다.

인천에 속한 전 지역에서 일어나는 말의 변화를 서울말을 닮아가는 것으로 볼 것인지, 원인천 말을 닮아가는 것으로 볼 것인지는 관점과 표현의 차이일 뿐이다. 본래 서울말과 인천말의 차이가 크지 않았는데 최근 들어 더 비슷해졌다. 이러한 상황에서 인천에 속한 각 지역의 말이 서울말을 닮아가는 것인지 원인천 말을 닮아가는 것인지 논하는 것이 무의미할 수도 있다.

그러나 인천에 속한 모든 지역이 원인천 지역과 밀접한 소통을 하고 있다는 점을 고려해야 한다. 먼 인천의 섬들에서 육지로 오려면 반드시 인천을 통해야 한다. 다리가 놓인 강화는 사정이 조금 다를 수 있지만 행정구역이 통합되면서 과거보다 거리가 훨씬 더 가까워졌다. 이들 지역에서 서울로 직접 통할 수 있지만 중간에 인천이 늘 자리하게 된다. 결국 이러한 소통이 이루어지면서 말 또한 같은 경로를 밟는다고 볼 수도 있다. 최종적으로는 서울말을 닮아가고 있지만 인천말을 징검다리 삼아 함께 닮아가고 있는 것이기도 하다.

이렇게 본다면 인천의 말은 '수렴'과 '발산'을 동시에 하면서 점차 가까워지고 있다. 거대도시 인천은 주변의 여러 지역을 통합하여 형성되었다. 주변지역과 그 주민뿐만 아니라 먼 지역의 인구도 유입되어 오늘날의 인천이 된 것이다. 그 과정에서 원인천 말에 뿌리를 두되 각 지역의 말을 수렴하여 오늘날의 인천말이 되었다. 이 과정에서 서울말을 닮아가기도 했지만 관점을 달리하면 서울말마저 수렴시킨 것이기도 하다. 이렇게 수렴된 인천말은 인천에 속한 각 지역으로 발산되고 있다. 강화와 가까운 바다의 섬은 물론 먼 바다의 섬까지 인천말이 미치고 있는 것이다. 그리하여 인천말은 점차 가까워지고 하나가 되어가고 있다.

고유한 인천말이 없다든지, 가깝고도 먼 인천의 말이 사라지고 있다든지에 대한 아쉬움을 느낄 필요는 없다. 과거에도, 지금도, 미래에도 인천말은 있다. 그것이 어떠한 모습이든 지금 인천에서 쓰이고 있으면 인천말이다. 가까운 인천의 말도, 먼 인천의 말도 인천말이듯이 가까워지고 하나가 된 말도 모두 인천말이다.

글. **한성우**

충남 아산에서 출생하여 서울대학교 국어국문학과에서 학사, 석사, 박사학위를 받았다. 문화방송 우리말위원회 위원, 국어학회 총무이사, 방언학회 편집이사 등을 역임하였거나 하고 있으며 현재는 인하대학교 문과대학 한국어문학과 교수로 재직중이다. 『경계를 넘는 글쓰기』(2006), 『보도가치를 높이는 TV뉴스 문장쓰기』(2006, 공저), 『방송발음』(2008, 공저), 『방언정담』(2013), 『우리 음식의 언어』(2016), 『노래의 언어』(2018) 등의 저서와 여러 편의 연구 논문이 있다.

가깝고도 먼 인천말

초판 1쇄 인쇄   2018년 12월 05일
초판 1쇄 발행   2018년 12월 14일

지 은 이   한성우
기   획   인천문화재단 한국근대문학관
펴 낸 이   최종숙
펴 낸 곳   글누림출판사

책임편집   이태곤
디 자 인   안혜진 홍성권
편   집   권분옥 홍혜정 박윤정 문선희 임애정 백초혜
마 케 팅   박태훈 안현진

주   소   서울시 서초구 동광로 46길 6-6(반포4동 577-25) 문창빌딩 2층(06589)
전   화   02-3409-2055(대표), 2058(영업), 2060(편집)
팩   스   02-3409-2059
전자메일   nurim3888@hanmail.net
홈페이지   www.geulnurim.co.kr
블 로 그   blog.naver.com/geulnurim
북트레블러   post.naver.com/geulnurim
등록번호   제303-2005-000038호(2005. 10. 5)

정가는 뒤표지에 있습니다.
ISBN 978-89-6327-542-0 04080
      978-89-6327-352-5 (세트)

출력·인쇄·성환C&P 제책·동신제책사

＊잘못된 책은 바꿔 드립니다.
＊이 도서의 국립중앙도서관 출판예정도서목록(CIP)은 서지정보유통지원시스템 홈페이지(http://seoji.nl.go.kr)와 국가자료공동목록시스템(http://www.nl.go.kr/kolisnet)에서 이용하실 수 있습니다. (CIP제어번호: CIP2018038383)